UM VERÃO COM
MAQUIAVEL

Confira os livros de Maquiavel publicados pela **L&PM** EDITORES:

A arte da guerra
O príncipe

Sobre Maquiavel:

Maquiavel – Quentin Skinner (Encyclopaedia)

PATRICK BOUCHERON

UM VERÃO COM MAQUIAVEL

Tradução de LAVÍNIA FÁVERO

Texto de acordo com a nova ortografia.

Título original: *Un été avec Machiavel*

Cet ouvrage, publié dans le cadre du Programme d'Aide à la Publication 2018 Carlos Drummond de Andrade de l'Institut Français du Brésil, bénéficie du soutien du Ministère de l'Europe et des Affaires Etrangères.

Este livro, publicado no âmbito do Programa de Apoio à Publicação 2018 Carlos Drummond de Andrade do Instituto Francês do Brasil, contou com o apoio do Ministério da Europa e das Relações Exteriores.

Tradução: Lavínia Fávero
Capa: Ivan Pinheiro Machado
Preparação: Mariana Donner da Costa
Revisão: Maurin de Souza

CIP-Brasil. Catalogação na publicação
Sindicato Nacional dos Editores de Livros, RJ.

B774v

Boucheron, Patrick, 1965-
    Um verão com Maquiavel / Patrick Boucheron; tradução Lavínia Fávero. – 1. ed. – Porto Alegre [RS] : L&PM, 2019.
    128 p. ; 21 cm.

Tradução de: *Un été avec Machiavel*
ISBN 978-85-254-3835-5

    1. Machiavelli, Niccolò, 1469-1527. 2. Ensaios franceses. I. Fávero, Lavínia. II. Título.

19-54846   CDD: 844
                      CDU: 82-4(44)

Vanessa Mafra Xavier Salgado - Bibliotecária - CRB-7/6644

Originally published under the title UN ÉTÉ AVEC MACHIAVEL
Copyright © Éditions des Équateurs / France Inter, 2017.

Todos os direitos desta edição reservados a L&PM Editores
Rua Comendador Coruja, 314, loja 9 – Floresta – 90.220-180
Porto Alegre – RS – Brasil / Fone: 51.3225.5777

PEDIDOS & DEPTO. COMERCIAL: vendas@lpm.com.br
FALE CONOSCO: info@lpm.com.br
www.lpm.com.br

Impresso no Brasil
Verão de 2019

Sumário

JUVENTUDE
1. As estações 9
2. Maquiavelismo 12
3. 1469, o tempo volta 15
4. A ambição de um pai 18
5. A história de um livro perigoso 21

TEMPOS DE AÇÃO
6. De repente, Savonarola 27
7. Um jovem na política 30
8. Viajar 33
9. Afiando a língua 36
10. Golpe de Estado 39

DEPOIS DO DESASTRE
11. Carta de um exilado 45
12. Como ler *O príncipe?* 48
13. Conquistar e manter 51
14. O mal na política 54
15. Estado de urgência 57

POLÍTICAS DA ESCRITA
16. A comédia do poder 63
17. Maquiavel, esse brincalhão 66

18. Políticas da obscenidade 69
19. A coragem de dar nome aos bois 72
20. A arte política de assumir uma posição 75

A república das desavenças
21. O que é uma república? 81
22. Elogio do desentendimento 84
23. Estamos desarmados 87
24. A violência na política 90
25. O fim não justifica os meios 93

Nunca é tarde demais
26. Escrever a história 99
27. Será que é tarde demais? 102
28. 1527, o fim de um mundo 105
29. Anatomia do espectro 108
30. Filosofar sobre tempos difíceis 111

Epílogo provisório 115
Ler Maquiavel 121

JUVENTUDE

I

As estações

Passar o verão com Maquiavel, sério? Que ideia doida. O autor de *O príncipe* não é, propriamente, um escritor de férias, companheiro de sestas estivais. É, antes, um homem de ação, sempre em cima dos acontecimentos, para quem descrever o mundo, abordar os fatos sem ilusão, é ajudar a transformá-lo. "Se me lessem, perceberiam que, durante os quinze anos em que me aprofundei nos assuntos do Estado, não dormi nem me diverti", disse em 1513, referindo-se a *O príncipe*.

E, de fato, desde sua morte, em 1527, não paramos de lê-lo, apesar das calúnias e das censuras, para que ele nos arranque do torpor. Nisso – por que não? –, Maquiavel é implacável como o sol de verão. É o astro que inspira sua prosa contundente, que lança sobre tudo uma luz tão crua que torna as arestas mais vivas. Nietzsche o disse melhor do que ninguém, em *Além do bem e do mal*: "Ele nos faz respirar o ar seco e rarefeito de Florença e não consegue evitar a exposição das mais sérias questões ao ritmo de um indomável *allegrissimo*, não sem desfrutar, talvez, de um perverso prazer de artista ao ousar o seguinte contraste: um pensamento embasado, difícil, duro, perigoso, e um ritmo galopante, de um bom humor endiabrado".

Mas, se é tudo uma questão de ritmo, como não perceber que aquilo que Maquiavel chama de *qualità dei tempi*, a "qualidade do tempo", estava no outono de suas certezas? Desde 1494, a Itália estava em guerra. Tão orgulhosa de seu governo cívico, tão certa de sua superioridade cultural, foi alvo de uma violência inédita, a da predação dos grandes Estados monárquicos. É o que se chama de "as guerras da Itália", um grande desencantamento. E, como a península foi, durante tantos séculos, o laboratório da modernidade política – ou seja, o lugar onde se cria um futuro comum –, todos podem compreender, daí em diante, que aquilo que receberá o nome de Europa não é nada além da guerra que está por vir.

As sombras se alongam, o inverno chega, entorpecendo as almas. Maquiavel conhecia isso muito bem: as palavras geladas sobre os lábios apertados, a impossibilidade de definir aquilo que estamos prestes a nos tornar. Ele conhecia bem o movimento inexorável e lento pelo qual uma língua política se deteriora. Aquela que ele tanto adorou estudar nos livros se tornou inútil para falar, com exatidão, sobre a "verdade efetiva das coisas". Então, quando o passado recente já não ajuda em nada mais, por que não voltar a atenção para aqueles que ele chama de "meus queridos romanos": mergulhar em textos antigos como se fossem um banho refrescante e chamar de "Antiguidade" essa maneira inédita de revitalizar seu futuro?

E não é isso o que chamamos de "Renascença"? Por que não, se queremos abrir bem os olhos em relação a essa primavera que só se veste de cores inocentes e preciosas para aqueles que não sabem perceber a brutal ferocidade de um quadro de Botticelli? Maquiavel é o mestre da perda da inocência. É por isso que ele tem sido, ao longo de toda a história, o melhor aliado nos dias ruins. De minha parte, é difícil dizer que faço um trabalho *sobre* Maquiavel. Mas *com* ele, sim, como se fosse um irmão de armas, certamente; exceto que esse franco-atirador sempre sabe se apresentar em um posto avançado, o que nos obriga a lê-lo não no presente, mas no futuro.

No fundo, algo muito banal: o interesse por Maquiavel sempre renasce ao longo da história nos momentos em que se anunciam tempestades, porque é ele quem sabe filosofar sobre tempos difíceis. Se ainda o relemos nos dias de hoje, é porque existe algo que nos inquieta. Ele retorna e diz: acordem!

2
Maquiavelismo

Dantesco, kafkiano, sádico. Maquiavélico. É um privilégio duvidoso ter uma angústia coletiva batizada com o próprio nome. No verbete "Maquiavel" de seu dicionário, Émile Littré fornece a seguinte apresentação, bem pouco amena: "Figura pública florentina do século XVI que criou a teoria dos procedimentos de violência e tirania utilizados pelos pequenos tiranos da Itália". Mas logo acrescenta um sentido figurado: "Qualquer estadista sem escrúpulos". Exemplo: "Os maquiavéis que regem nosso destino".

Ao empregar o nome de Maquiavel em um sentido figurado, Littré tem uma atitude estranha, porém idêntica à que a própria história adota. O maquiavelismo é aquilo que se interpõe entre Maquiavel e nós. Com efeito, é uma figura que revela e manifesta o mal na política, a terrível carranca daquilo que não queremos encarar, mas para a qual é difícil fechar os olhos. É, antes, uma máscara por trás da qual desaparece aquele que, nascido em Florença em 1469 e morto em Roma em 1527, se chamava Nicolau Maquiavel.

Pois o maquiavelismo não faz parte da doutrina de Maquiavel, mas daquela que seus mais malignos adversários lhe atribuíram. É, em suma, uma invenção do antimaquiavelismo. Cinquenta anos depois da morte do autor de *O príncipe*, esse livro infernal que a Santa Inquisição incluiu no *Index*, diversos tratados políticos receberam o título de "antimaquiavel". O inventor do gênero, em 1576 exatamente, tinha um nome que parecia predestiná-lo a lutar contra a maldade do mundo: Innocent Gentillet, advogado e teólogo protestante francês.

Alguns anos mais tarde, foi um brilhante jesuíta, defensor ardente da Contrarreforma católica, que também empreendeu a tarefa de pensar contra Maquiavel – tudo contra ele. Trata-se de Giovanni Botero, inventor do conceito de razão do Estado – conceito que ele pega emprestado espontaneamente de Maquiavel, já que tal razão designa o fato de que o Estado não tem outra lei nem outra necessidade além da preocupação de conservar a si mesmo.

Por conseguinte, o maquiavelismo é como um rio subterrâneo que mina silenciosamente as fundações do pensamento político europeu e encontra, aqui e acolá, pontos de ressurgimento. Maquiavel avança mascarado: podemos reconhecê-lo em alguns codinomes, deduzir suas ideias naquelas que pretendem combatê-lo.

Gustave Flaubert escreveu, mais ou menos à mesma época que Émile Littré, seu *Dicionário das ideias feitas* ou *Catálogo das ideias chiques*. A ordem alfabética coloca, oportunamente, "maquiavelismo" antes de "Maquiavel". O primeiro termo obscurece o segundo. "Maquiavelismo. Palavra que só se deve pronunciar tremendo." E em seguida: "Maquiavel. Nunca tê-lo lido, mas considerá-lo um celerado".

É tudo, portanto, uma questão de ponto de vista. E se nos permitíssemos olhá-lo, sem tremer, e tirar sua máscara para revelar o monstro? Lê-lo para encontrá-lo, ele, que foi um homem de seu tempo de um modo tão intenso e que, por essa mesma razão, não para de se convidar para participar do nosso? Na verdade, não há nada mais fácil, porque Maquiavel não se esconde, a não ser por trás da banalidade de sua existência. Mas, quando fala de si mesmo, é com franqueza suficiente para não diminuir sua solidão, sua alegria e seus receios. Como nestes versos, nos quais desabafa sua preocupação:

> Eu espero e a esperança aumenta meu tormento
> Eu choro e minhas lágrimas alimentam meu coração aflito
> Eu rio e meu riso não consegue me empolgar
> Eu queimo e a queimadura não aparece
> Eu tenho medo do que eu vejo e ouço
> Todas as coisas me trazem uma nova dor
> Esperando, eu choro, rio e queimo
> E tenho medo do que eu ouço e vejo

3
1469, o tempo volta

Nicolau Maquiavel nasceu em 3 de maio de 1469, em Florença. Mas o que era Florença em 1469? Uma república onde desfilavam príncipes. Uma república, sim, inflada de soberba, orgulhosa de seu poder e de sua prosperidade, que ornava com reluzentes filigranas latinas a longa experiência comunal que, havia cerca de três séculos, fazia da cidade um modelo de autogoverno. Mas era uma república governada por homens de dinheiro, que se transformava progressivamente em uma oligarquia.

Entre eles, estavam os Médici, ricos banqueiros que, havia mais de trinta anos, dominavam o governo com sua influência. O fundador da dinastia se chamava Cosimo. Ele soube agir discretamente, sob a proteção de seu partido e de sua clientela. Vivia bem longe do fausto da corte, sobriamente, com a gravidade que cai bem aos poderosos que sabem se fazer passar por pais da pátria. Seu filho, Piero, lhe sucedeu em 1464, desfazendo-se pouco a pouco de seus pudores republicanos. Naquele 1469, cinco anos depois, todo mundo em Florença sabia que ele estava doente. Em 2 de dezembro, morreria. Então surge Lorenzo, o neto. Tinha vinte anos e representava o futuro da linhagem. Logo o apelidariam de "o magnífico", tamanha a insolência de seus gastos. Vestia-se, impetuoso, como um monarca. Como não reparar nas pérolas e nas pedrarias que adornavam, às centenas, seu chapéu de veludo? Paramentado como um príncipe, ele se expõe – ou seja, como mais tarde compreenderá Maquiavel, ele se exibe e põe a si mesmo em perigo.

Perigo, que perigo? Para distrair a juventude de ouro da cidade toscana, faz-se, naquele 7 de fevereiro de 1469, um torneio – jogos de guerra que faziam o cotidiano da vida política das comunas italianas parecer pouco mais do que um simulacro refinado. Uma procissão suntuosa e fútil como um passo de dança. Nada de violência aqui, a não ser aquela do espetáculo da dominação. Sob o olhar invejoso daqueles que o observam, Lorenzo empunha seu belo estandarte. Nele, pode-se ler seu lema, escrito em letras de ouro, naquela língua francesa dos romances de cavalaria que ainda faziam sonhar todas as elites europeias: "o tempo volta".

É, portanto, nisso que consiste a Renascença: um verdejar, o vigor renovado de uma eterna primavera, a Itália que encontra sua idade de ouro ao abrir uma pesada cortina de trevas. É preciso a energia juvenil desse jovem príncipe para afrontar o tempo que renasce. Não o passado, mas sua parte ativa, vivaz e criativa que o latim dos humanistas denomina *antiquitas*, em oposição a tudo o que é vetusto, ultrapassado e obsoleto. Mas será que esse belo hoje que se anuncia será diferente da encenação paródica de um passado repleto de fantasmas?

Lemos *A sociedade do espetáculo*, livro profético que Guy Debord escreveu em 1967. Deveríamos, portanto, estar prevenidos a respeito dos efeitos perniciosos da excitação fervorosa pela qual o fetichismo da mercadoria se faz aclamar. Mas nada foi feito, os profetas jamais evitam as grandes catástrofes. Entre aqueles que se formavam na Florença de 1469, ninguém percebeu os indícios. Maquiavel nasceu no dia 3 de maio, três meses depois do triunfo de Lorenzo, e logo foi tomado pela sensação de ter nascido tarde demais. Restava-lhe, portanto, a lucidez, que é a arma dos desesperados.

4
A ambição de um pai

Reconheçamos que, com frequência, ele exagera. Quando diz a respeito de si mesmo: "Eu nasci pobre e aprendi a labutar antes de celebrar", francamente, ele exagera. É verdade que Maquiavel não participará dessa época de desesperada imprudência de uma juventude "cujo único problema", escreveria mais tarde em *Histórias florentinas*, "era parecer esplêndida em seu modo de vestir, sagaz e astuta com suas belas palavras". Porque para isso era preciso, à época de Lorenzo, o Magnífico, pertencer às antigas famílias aristocráticas de fartas posses nas regiões rurais, chamadas simplesmente de "os grandes", os magnatas. A família Maquiavel vivia abaixo dos *magnati*. Mas daí a dizer que eram pobres... Seus integrantes viviam de rendas fundiárias, já havia muitos séculos, por mais que tivessem uma vida modesta. Tal indigência sóbria devia--se, antes de mais nada, a más escolhas políticas. Por ter se oposto aos Médici, Girolamo, um dos antepassados da família, foi preso, banido, torturado e morreu na prisão, em 1460. Pois esse era o outro lado do grande festim dos Médici.

Nove anos depois, em 1469, quando nasceu, Nicolau tinha duas irmãs. Mas a residência da família, onde vivia no Oltrarno, a região do outro lado do rio Arno, que atravessa Florença, abrigava muito mais habitantes. Pululam primos e cunhados, em uma alegre e ruidosa *brigata*, que seguia o modelo comum das grandes famílias, que Nicolau Maquiavel reproduzirá quando casado. A casa, com vista para a Ponte Vecchio, fora destruída em 1944. Alguns anos mais tarde, historiadores descobriram um livro que retraçava sua história. Era o livro de família do *messer* Bernardo Maquiavel, pai de nosso Maquiavel. Chamavam-lhe *messer* porque era doutor em Direito, mas o comprometimento de sua família com a oposição aos Médici o impedia, sem dúvida, de exercer a profissão de jurista.

Metódica e friamente, Bernardo descreve os mínimos fatos de uma existência familiar. Não há nada de efusões íntimas nesses *Ricordi*, que são menos lembranças do que uma contabilidade minuciosa da gestão da casa. Ele nos faz lembrar da origem doméstica de todo poder: nada além da administração das coisas e das pessoas, dos recursos e das emoções, e, sobretudo, uma certa atenção aos detalhes.

Bernardo então anota, pacientemente, tudo o que entra na residência: vinhos, nozes, esposas e livros. Muitos livros, cada vez mais livros. De Direito, História, Literatura. E se essa fosse a solução? Cultura legítima. Os poderosos fazem dela uma arma das mais afiadas. Aquilo que chamam de "humanismo" designa, portanto, essa arte da distinção que as elites florentinas empregavam com uma empáfia que é difícil de imaginar nos dias de hoje. Em todo caso, a família Maquiavel não podia fingir que a possuía: Nicolau não terá um preceptor brilhante, não frequentará a universidade, não aprenderá grego. Não será, portanto, um humanista, e aqueles que se gabam de sê-lo o farão pagar por isso durante toda a sua vida.

    Mas Florença é repleta de pequenas escolas onde se pode aprender o latim; e a invenção de Gutenberg, que tem poucos anos de existência quando Bernardo toma a pena, tem uma rápida difusão. Ele faz o inventário de uns trinta livros que compra, por vezes, por um preço alto demais. Para pagar pela *História de Roma* de Tito Lívio, Bernardo aceita redigir o índice de "cidades, montanhas e cursos d'água" da obra. Nove meses de trabalho. E é também isso que Maquiavel herda: a ambição do pai. Uma ambição depositada nos livros, a esperança de que será possível conhecer a vingança, a certeza de que será possível voltar as armas contra aqueles que aspiram segurá-las em suas mãos invejosas.

5
A história de um livro perigoso

Às vezes, nos agarramos a certos livros como se fossem boias. Quando tudo balança à nossa volta e estamos prestes a afundar, eles surgem, chamam a nossa atenção, para evitar que naufraguemos. Os livros de Maquiavel são dessa espécie. Foram, ao longo da história, aliados fiéis daqueles que buscam compreender a própria deriva política. Podemos, portanto, lê-los para reencontrar a nós mesmos e também podemos lê-los para nos perder. Um texto tão antigo, vindo de tão longe... E não é que ele se impõe, que assombra, que toma tudo por onde passa? De repente, altera o curso de nossa vida. No século I de nossa era, o poeta latino Lucrécio tinha uma palavra para denominar esse tipo de desvio: *clinamen*. Em seu *De rerum natura*, *Da natureza das coisas*, Lucrécio entoa o canto do mundo. De um mundo sem criador, onde a natureza reinventa a si mesma sem cessar. Pois tudo é feito de átomos, nossa alma, assim como as coisas, atraídos pelo seu próprio peso.

Mas tem esse detalhe: se todas as partículas caem no vazio, em linhas retas, nada existiria, a não ser um interminável dia chuvoso. Mas, e aqui cito Lucrécio, "em lugares indecisos, os átomos se desviam um pouco; apenas o bastante para dizer que o movimento foi alterado". Então a liberdade se torna possível, o tempo se torna possível, o mundo se torna possível. Compreendemos, assim, por que a poesia materialista de Lucrécio, uma versão em música romana da filosofia epicurista grega, foi considerada pelos modernos um breviário do ateísmo. Um livro perigoso, um livro perverso, que faz o mundo sair dos trilhos e o tira do prumo.

Perceba: Maquiavel lê esse livro. Mais do que lê, o copia. A duras penas, transcreve o poema latino. Porque, naquele tempo em que os livros são raros, paga-se caro por seu amor, com o corpo que sofre com a tarefa de escrever, com dedos cansados e olhos ardentes. Lembre-se do pai de Maquiavel, Bernardo, que se regalou com um Tito Lívio em troca de confeccionar seu índice para o livreiro. O filho Nicolau fez a mesma coisa, ao copiar Lucrécio. Veja, ele terminou: assinou orgulhosamente o nome no manuscrito, hoje conservado na Biblioteca do Vaticano, e é essa assinatura que permite que os historiadores o identifiquem.

Será que é nisso que consiste ser historiador, ler pelas costas daquele que lê? Estamos, talvez, em 1497, Maquiavel ainda não completou trinta anos. Tem às mãos, sem dúvida, o livro que mudará o rumo de sua vida. Pois o que é sua filosofia, no fundo, se não a transferência para a política do materialismo de Lucrécio? As coisas, diz o poeta, podem ser reconhecidas por sempre produzirem uma imagem suscetível de acobertar sua própria natureza. Governar – ou aprender a não se deixar governar – significa compreender as coisas da política, consiste em abrir a cortina das aparências. Pois, atrás desse pano estão elas, as coisas, que atuam. Para deixar de ser dominado por elas, deve-se tentar deixar de acreditar que existiu uma Era de Ouro. E essa é uma ideia com a qual as elites florentinas do *Quattrocento* adoram se inebriar, adornando-a com o lisonjeiro nome de "neoplatonismo", drapeada como um quadro de Boticcelli. É essa brincadeira que Lucrécio vem atrapalhar. Pois, no quinto livro de *Da natureza das coisas*, ele descreve a violência original da humanidade primitiva. Temos, como herança, o terror das origens, do tempo em que éramos "iguais às feras", levando, escreve Lucrécio, uma vida errante. Maquiavel se lembrará dessa passagem quando narrar os primeiros relatos do Novo Mundo, mas também quando descrever o mundo novo com uma ordem política fundada sobre a arte de dominar os nossos desentendimentos sem excesso de violência, de chegar a um acordo a respeito de nossas divergências.

 O *De rerum natura* de Lucrécio era um livro perigoso? Menos do que diziam. Certos historiadores têm prazer de imaginar que sua redescoberta, em 1417, pelo humanista Poggio Bracciolini, foi capaz de desviar o rumo do mundo, precipitando-o subitamente na modernidade.

É compreensível que essa ideia seja tentadora: amplia nas sociedades humanas a experiência literária que tanto valorizam por serem letradas. Mas dão demasiada importância ao poder da leitura. Livros jamais provocaram revoluções. Não se tornam nossos aliados, a menos que estejamos preparados para lê-los. São senhores da liberdade, sim, mas apenas para aqueles que já são suficientemente livres. "Ando por caminhos que ninguém até então desbravou", escreveu Lucrécio. Maquiavel segue seus passos nos *Discursos sobre a primeira década de Tito Lívio*:

> Resolvi trilhar um caminho que, por ainda não ter sido percorrido por ninguém, render-me-á, certamente, sofrimentos e dificuldades.

Quais? Logo veremos.

TEMPOS DE AÇÃO

6
De repente, Savonarola

Ele ouve. Fascinado, apavorado, admirado, talvez. Neste dia de 1498, em Florença, Maquiavel ouve Savonarola. Ouve o pregador por quem as multidões se curvam, sob o peso de suas palavras. Como se deixam subjugar – "enfeitiçar", escreverá mais tarde – pela força do verbo? Será que esse dominicano fervoroso, que se diz inspirado, realmente crê no que profetiza? "Na minha opinião, ele se adapta às circunstâncias e disfarça suas mentiras", escreveu Maquiavel. Esta é a primeira carta pública de Maquiavel que temos conservada, escrita no calor dos acontecimentos de 1498 e que já questiona a arte política da dissimulação.

Já faz quatro anos que Savonarola governa Florença. Ou, melhor, não: não a dirige usando o próprio nome. Faz descer sobre a cidade a sombra do Deus vingador. Pois é no céu que se originam seus decretos. A Igreja deve ser castigada, ele fulmina, e a sociedade, reformada.

Reformada, que fique claro, quer dizer convertida. E o que justifica o ímpeto da reforma é sempre uma aguda consciência de culpa.

O que aconteceu? A cidade está infestada de penitentes, esses "chorosos", que os inimigos de Savonarola – chamados de "raivosos" – esmurram pela rua. Não há mais espaço para brandura: exige-se que as crianças denunciem os pais que não são bons cristãos. Savonarola conduz o ataque contra os hipócritas – a grande causa de todos os fanatismos. Ordena que se acendam fogueiras das vaidades para queimar os ornamentos das mulheres e das igrejas, de uma beleza demasiado fulgurante. Murmura-se que até Sandro Botticelli, autor de *O nascimento de Vênus*, fora obrigado a sacrificar alguns de seus quadros.

O que aconteceu? A política, como sempre. Nascido em Ferrara, em uma família de médicos, o frade Girolamo Savonarola empreendeu brilhantes estudos humanistas que foram convertidos em um ódio pelo mundo. Havia, na Itália, uma abundância desses profetas do Apocalipse que iam de vilarejo em vilarejo exibindo sua habilidade de pintar o futuro com cores sombrias. Ao recebê-lo em Florença, Lorenzo, o Magnífico, acredita que pode tirar proveito dele. Mas sua morte, em 1492, dá início a um período de incerteza e angústia.

Partindo do Convento de São Marcos, a palavra de Savonarola obscurece essa angústia. Ela o anima ao lhe conferir um objetivo: a guerra que está por vir. E a guerra adotará, disse ele, o rosto de um inimigo vindo de outro lugar. E, de fato, nesse sentido, a profecia se realiza: em 1494, é um rei vindo de Outremont, Carlos VIII da França, que cruza os alpes e invade os Estados italianos. Até então, eram os Médici os conquistadores, e todos tomam consciência do vazio político. Foram eles, os Médici, que erodiram o próprio coração das instituições republicanas da comuna de Florença, esvaziando-as por dentro, evitando, sobretudo, pronunciar o nome daquilo que a enfraquecia: o poder autoritário.

Falamos hoje de modo um tanto superficial de "teocracia" para designar o momento em que a religião se infiltra nas brechas, preenche o vazio, toma o lugar da política. Mas isso nunca é eliminado por completo. Os profetas falam do futuro para agir no presente. No dia 22 de maio de 1498, ao cair do sol, Savonarola fala aos seus juízes: "As coisas que por Deus seriam céleres podem, na Terra, demorar um pouco mais". Nem sempre. Elas também podem se acelerar. No dia seguinte, ele estará morto.

7
Um jovem na política

Se você for a Florença, verá a placa comemorativa na Piazza della Signoria que indica o local do suplício de Savonarola. Ali, no coração do espaço cívico, assistido por uma grande multidão, o pregador que, durante quatro anos, manteve a cidade sob influência de suas palavras proféticas, foi enforcado e queimado. Crianças – as mesmas, talvez, que acenderam fogueiras das vaidades para o frade – dispersaram suas cinzas no rio Arno. Era o dia 23 de maio de 1498: a roda da Fortuna, essa deusa cega que se delicia humilhando os orgulhosos, acabava de girar em seu próprio eixo.

Reviravoltas nas alianças, intrigas e cálculos: pouco importam os detalhes dos acontecimentos que precipitaram a queda de Savonarola. Maquiavel aprenderá apenas uma coisa: no momento em que o papa Alexandre VI, o Bórgia, consegue reunir a coorte discrepante de seus inimigos em uma única frente, o frade Girolamo Savonarola se recusa a combater. Pior: ao se agarrar ao ideal pacífico da república cristã, desencadeia a violência daqueles que não se rendem à impotência. Mais tarde, em *O príncipe*, Maquiavel escreverá, em uma fórmula cinzelada como o reverso da moeda: Savonarola foi um profeta desarmado. Deveria ser possível retomar seu desígnio político no ponto exato em que ele o deixou, incluindo aquilo que ficara em suspenso até então: a questão do chefe, a questão da força, a questão do estado de urgência.

Ou, justamente, é chegado o momento, a ocasião se apresenta. Ao fazer do Grande Conselho o órgão soberano do regime florentino, Savonarola restaurou a república. Maquiavel não fez parte dele, mas algumas vagas foram liberadas, começa a depuração. Quem vai substituir os partidários de Savonarola na chancelaria? Maquiavel tem 29 anos, não tem nenhuma experiência política, não tem compromisso com o regime deposto. Seu pai era amigo íntimo do primeiro chanceler de Florença, o ilustre humanista Bartolomeo Scala. Nicolau Maquiavel não tem nem a origem nem a educação nem os contatos para pretender tamanha honraria, mas por que não primeiro secretário da segunda chancelaria? O salário é bem menor, o prestígio é bem menor, mas hoje diríamos que a posição é bem mais estratégica: algo como um cargo de confiança discreto e influente.

Ele logo se esforça para manter uma correspondência cotidiana com todos os aliados do Estado florentino e de auferir o que se trama nas opiniões que agitam a multidão. Bartolomeo Scala costumava dizer a seu pai: "É o esgoto do povo". Descer aos antros das paixões humanas, não torcer o nariz diante dos miasmas do poder: o que Maquiavel chamará de "dever do Estado" será um dever dele.

Em 19 de junho de 1498, três semanas depois da execução de Savonarola, o Grande Conselho empossa Maquiavel em sua nova função. Ele se cerca de uma pequena equipe, que o seguirá até 1512. Nenhum tem trinta anos feitos. São juristas e homens de letras. São, sobretudo, famintos – de trabalho, de poder e de amizades. Durante quinze anos, essa alegre brigada compartilhará tudo, de gracejos libertinos a segredos de Estado, abalando o decoro dessa ordem de padres que há tanto tempo tolhia a vida civil florentina.

Um regime político também se caracteriza pela idade daqueles que exercem suas responsabilidades: por trás do fausto juvenil da corte dos Médici, uma gerontocracia segurava firmemente as rédeas do poder. Exausta, ela acaba por soltá-las. É o momento de se aproveitar. Mais tarde, Maquiavel cunhará a seguinte máxima: "Tente a sorte, pois ela é amiga dos jovens e muda de acordo com a época". Chegou a hora, enfim tudo começa.

8
Viajar

"Saí agora de vossas casas e avaliai aquilo que vos cerca." Diz Maquiavel em uma carta datada de 1503 endereçada aos *Dieci di libertà*, os dez magistrados que decidem as operações militares da República de Florença em nome da ideia que têm de liberdade. Um convite à viagem? Digamos, antes, uma exortação enérgica para balançar suas certezas. Viajem, exilem-se, saiam de sua posição sentada, larguem a companhia da quietude satisfeita de suas raízes. De longe, verão outra coisa. Mas verão, sobretudo, o lugar de onde vocês veem as coisas. Não é isso que os pintores do Renascimento chamam de "perspectiva"?

Saí agora de vossas casas e avaliai aquilo que vos cerca. Vós vos encontrareis presos entre duas ou três cidades que mais desejam vossa morte do que vossa vida. Ide mais longe; saí da Toscana e avaliai toda a Itália: vós a vereis submissa à influência do rei de França, dos venezianos, do papa e do Duque Valentino.

Florença vista da Toscana, a Toscana vista da Itália, a Itália vista da Europa – e por que não a Europa vista deste mundo que se expande? Maquiavel trabalha, na chancelaria, com Agostino Vespúcio, cujo irmão, Américo, navegador e geógrafo, dará seu nome ao Novo Mundo. Você já ouviu isso: aquilo que ele espera da mudança dos pontos de vista é, antes de mais nada, um mapeamento das relações de poder.

Maquiavel não tinha cargo de embaixador. Em suas missões diplomáticas, não representava o Estado florentino nem podia fazer negociações. Podia apenas observar, discutir e comparar. Na Romanha de César Bórgia – o filho do papa que, na carta, Maquiavel chama de "Duque Valentino" –, ele aprende a ser rápido nas decisões, aprende a arte de surpreender o mundo, e a ausência de escrúpulos na manipulação da violência política. Em Roma, que visita duas vezes, entende que o poder exorbitante do papa – que quer se comportar como um príncipe guerreiro durante uma batalha sem jamais abrir mão de sua pretensão espiritual a um poder universal – vai desestabilizar a Itália como um todo. A corte imperial de Maximiliano I lhe inspira, em seu *Retrato das coisas da Alemanha*, uma reflexão a respeito da soberania. Mas é na França que ele encontra o poder.

1500, 1504, 1510 e 1511: por quatro vezes Maquiavel é enviado diante do rei Luís XII. É difícil, hoje em dia, ter ideia do hiperpoder que significava, naquela época, a grande monarquia da França. Um território "fértil e opulento", uma coerção fiscal impecável, um hábito antigo de submissão à autoridade que não chega a refrear nenhuma tradição de liberdade: é isso que impressiona Maquiavel. E o mais incrível, diz ele, é que os franceses parecem amar seu rei.

O florentino foi maltratado na corte de Luís XII, especialmente quando de sua primeira missão diplomática, em 1500. Foi jogado de lá para cá, foi desprezado, não lhe deram ouvidos. Por isso, ele fica indignado: os ministros são "cegos pelo próprio poder". Depois, compreende: o rei da França "só nutre estima por aqueles que estão armados ou dispostos a dar qualquer coisa". Portanto, perdoem, cavalheiros, escreve ele a seus mestres florentinos, mas aqui "as pessoas são estimadas a troco de nada". E Maquiavel utiliza o latim para enfatizar: *pro nihilo*.

A esses franceses arrogantes que lhe criticavam "por não entender nada de guerra", Maquiavel responderá, bem depois, em *O príncipe*, que eles "não entendem nada de Estado". Mas, por ora, ele se conforma – e encara essa humilhação como uma lição política. Viajar é um exercício de mudança. E também um banho de modéstia.

9
Afiando a língua

Viajando e escrevendo. É assim que Maquiavel "aprende a arte do Estado". Visitando e, quando não pode viajar, trocando com seus correspondentes chuvas de missivas, essas incansáveis viajantes. De 1498 a 1512, durante quinze anos, o secretário da chancelaria de Florença redige milhares de despachos, relatórios e cartas diplomáticas destinadas a toda a Europa. O volume dessas cartas é como uma vaga que, de vez em quando, agita a ressaca acelerada do *tempo* político. Sendo assim, ele precisa pegar a pena diversas vezes por dia, ou ditar às pressas, para relatar, se informar, questionar, conhecer as vontades. Às vezes, não consegue resistir e se entrega à força de um detalhe, ao fluxo de uma narrativa – sua escrita se embala e emprega fórmulas bastante afiadas, que constituem a gratificante malícia de seu estilo.

Porque é disso que se trata: afiar com o fogo da ação a pena de uma língua política e não deixar que seu fio se perca quando chegar a hora de cortar de verdade. Os historiadores disseram que a Itália do século XV inventou a diplomacia. Suas técnicas, elaboradas na escala peninsular de pequenos Estados que deveriam manter o equilíbrio de seu poder, se alastraram no século seguinte por toda a Europa, tornando--se, assim, no jogo da guerra e da paz, uma Itália poderosa.

Maquiavel vive, na junção de dois séculos, essa transição. É herdeiro de uma tradição que ele renova e amplia. A das embaixadas, mas também a dessa língua comum da negociação que se fala então em italiano. Não imaginemos Maquiavel como criador dessa maneira de falar. Seu trabalho também consistia em redigir atas de assembleias informais de cidadãos influentes consultados acerca de assuntos importantes – das quais conservamos milhares de páginas. Ele se encaixa, portanto, no diapasão de um discurso social do qual escuta a cadência, e é ao transformar em música suas pulsações que Maquiavel faz ouvir algo que se parece com a língua política.

Eu queria fazer você escutar a exaltação dessa língua, tão veloz, que marcha para denominar aquilo que Maquiavel chamará *verità effetuale della cosa*, a verdade efetiva das coisas. Ela é perceptível de imediato e de modo tonitruante em seu primeiro discurso público. Ele aborda, em maio de 1499, assuntos de Pisa, a eterna rival de Florença. Que fazer? Ouça-o:

Que é necessário recuperar Pisa para conservar nossa liberdade, ninguém duvida. Não preciso demonstrar para vós com outros motivos além daqueles que vós já conheceis. Examinarei apenas os meios que conduzem ou podem conduzir a esse fim, que me parecem ser ou a força ou o amor. Ou seja: que recuperemos a cidade por meio de um cerco ou que ela venha cair em nossas mãos por vontade própria.

Maquiavel prossegue: o amor é preferível, mas a força, às vezes, é inevitável.

A força sendo, portanto, necessária, parece-me que é preciso considerar se é oportuno recorrer a ela neste momento ou não.

Neste momento? Ele ainda precisa se decidir:

É preciso obter Pisa seja por um cerco e pela fome, seja por um ataque, levando a artilharia até suas muralhas.

E assim continua – ou isto ou aquilo – por ramificações sucessivas de possibilidades. Você escuta esse ritmo? É o tempo maquiaveliano que confere à sua língua o passo rápido e decidido. Decidir é escolher. Mas, para escolher, é preciso saber apontar a alternativa.

10
Golpe de Estado

A sina de Maquiavel é sempre se decepcionar com os homens de Estado que cruzam seu caminho. Resumindo, nenhum estava à altura do cargo, nenhum estava disposto a agir com a precisão, a velocidade, a maneira enérgica que o momento exigia. É uma sina, sim, de certa forma, quando vemos as trapalhadas morais e literárias com que se paga a fascinação dos intelectuais pelos homens de poder. Assim que conseguem ser admirados, perdem a inteligência. Maquiavel procurou príncipes para admirar e, como não os encontrou, precisou criar um *Príncipe* de papel. É por isso que, desde então, não paramos de falar: a ficção se tornou bem mais consistente do que os fantasmas evanescentes dos poderosos que fracassam ao fazer a história. Quem se lembra de Piero Soderini? O gonfaloneiro da justiça era o homem forte do Estado florentino, o protetor de Maquiavel. Um homem "paciente e benevolente", escreverá ele a seu respeito, mas paciência política é o contrário de indecisão ou de lentidão: consiste menos em demorar e mais em saber reconhecer quando chega o momento. Soderini não viu o perigo que cercava a república, não soube se armar contra os inimigos. E, em 1512, Maquiavel o aponta como responsável pela queda do regime que defendera tão ardentemente. Quando ele morre, dez anos depois, em 1522, Maquiavel lhe consagra um epigrama cruel. A alma de Soderini se apresenta nas portas do inferno.

No inferno? – grita Plutão. – Pobre simplório, suba para o limbo com as outras crianças.

Fecha-se a cortina. Nada de pena pelos vencidos. Maquiavel não tem mais pena quando se põe a descrever a saída de cena de César Bórgia, em 1503. Ele se interessou por um tempo por seu pequeno teatro de crueldades, mas os cavaletes da história exibem outros lugares que não Florença ou Romanha. O mundo se prepara para encenar um grande espetáculo, o confronto na Itália dos poderes monárquicos europeus: o Império Romano-Germânico, o reino da França e, logo, a Espanha, que o papa Júlio II reintroduziu no jogo em 1511.

Então tudo se encaixa. No dia 11 de abril de 1512, o rei da França, Luís XII, conquista em Ravena uma vitória tão custosa que o obriga a sair da Itália. Com seus aliados, resolve reestabelecer o poder dos Médici em Florença. Em 16 de setembro, seus partidários tomam o Palazzo della

Signoria para dissolver o Grande Conselho, órgão central da república florentina. Esse golpe de Estado suscita uma conspiração desordenada de jovens patrícios devotos das liberdades. Seria falta de tato ou uma manipulação? Em todo caso, fez-se circular uma lista de seus cúmplices, entre os quais figurava o nome de Maquiavel. Foi aí que tudo acabou. Ei-lo destituído de suas responsabilidades, aprisionado, torturado repetidas vezes. Esteve a ponto de ser executado e deve a vida apenas ao estranho clima de fervor e reconciliação patriótica que se segue à eleição, em 11 de março de 1513, do jovem cardeal Giovanni de Médici, tornado papa sob o nome de Leão X. Eis Maquiavel no exílio, vítima daquilo que chama de uma "maldade da Fortuna". Seria essa a estrela maldosa que os italianos chamam de *"disastro"*? Ele não tem mais tempo de erguer os olhos para o céu como uma criança amedrontada. Precisa agir para evitar o desastre, encontrar um meio de voltar ao jogo político. Mas como? E se os livros, mais uma vez, pudessem nos ajudar a conquistar a vingança?

DEPOIS DO DESASTRE

11
Carta de um exilado

"Estou no campo e, depois dos últimos acontecimentos que se abateram sobre mim, fiquei no máximo, ao todo, vinte dias em Florença", escreveu Maquiavel a seu amigo Francesco Vettori, em 10 de dezembro de 1513. Essa carta do exílio é seu diário da derrota: afastado do poder pelo retorno dos Médici, que selam a abolição da república, Maquiavel é um perdedor. Por isso escreve, não para de escrever. Não para conter os golpes – é tarde demais –, mas para compreender, depois do golpe, por que não viram que ele se aproximava.

E essa é a minha vida, quero contar-vos. Acordo pela manhã quando o sol nasce e vou para um de meus bosques, que pedi para cortarem, onde fico duas horas para ver o trabalho feito na véspera e passar o tempo com os lenhadores, que sempre trazem nas patas alguma confusão, seja entre eles, seja com os vizinhos. E, sobre esse bosque, tenho mil belas coisas que me aconteceram para vos contar.

Sim, mil belas coisas, porque são iluminadas por suas reminiscências literárias. Vê a paisagem e se lembra de Petrarca. Eis que passeia com um livro de poesia debaixo do braço:

> Quando saio do bosque, vou para uma fonte e, de lá, para um de meus postos de caça. Levo um livro, seja Dante, seja Petrarca.

Em seguida, repare, ele volta:

> Então, pego o caminho da estalagem, converso com os passantes, pergunto as novidades.

Maquiavel é um caçador, sempre à procura de observar essa mecânica das paixões humanas que move outras vidas que não a sua. De onde você acha que podemos compreender o que é a política, a não ser no comum, ao ver nascer as desavenças? Há na estalagem, "um açougueiro, um moleiro, dois carvoeiros. Com eles, eu me divertiria até o fim do dia jogando trinca, gamão, e disso surgiriam milhares de ocasiões de disputas, incontáveis aborrecimentos que terminariam em ferimentos".

Portanto, quando cai a noite, está na hora de Maquiavel visitar seus amigos invisíveis, os livros antigos. Estão mortos há muito tempo, mas nós os tornamos vivos. Para eles, também podemos perguntar quais são as novidades. Mas, para isso, é preciso se esforçar um pouco, aprumar-se para entrar com solenidade na conversa dos antigos:

> Quando cai a noite, volto para minha casa e entro em meu gabinete; sob a soleira, tiro minhas vestimentas cotidianas, cobertas de lama, e visto hábitos dignos da corte de um rei ou de um papa; e, vestido como se deve, entro nos velhos cursos dos Antigos, onde, recebido por eles com amor, alimento-me dessas iguarias que *solum* são minhas e para as quais nasci; e lá não tenho vergonha de falar com eles e de exigir que me contem os motivos de seus atos; e eles, por humanidade, me respondem; e, durante quatro horas, não sinto nenhum tédio, esqueço de todos os aborrecimentos e não temo a pobreza, a morte não me assusta.

Não sei se existe mais belo elogio à comunicação – essa maneira respeitosa e alegre de evitar a multidão sem jamais acalentar a solidão, de ampliar o círculo da humanidade comum para os vivos e para os mortos. Assim falava Maquiavel em 1513, em uma carta endereçada a um amigo, para lhe contar como conseguia escapar do "bolor que tomava conta de seu cérebro" desde que o tinham afastado de seu trabalho no Estado. Ah! Já estava esquecendo: ele também anuncia que acaba de concluir um livrinho. O título? Você o conhece: *O príncipe*.

12
Como ler *O príncipe*?

E se, pura e simplesmente, ele fosse um safado? No sentido que Jean-Paul Sartre dá a essa palavra, que fique claro, eu não ousaria: um safado, ao contrário de um frouxo, acredita que sua existência é indispensável ao funcionamento do mundo. Maquiavel não escreveu *O príncipe* apenas para aplacar a falta de ação ou se vingar de seus inimigos. Não, ele anseia voltar para o jogo político, enraivece por não poder empregar a arte do governo embasado em "uma longa experiência com as coisas modernas e uma contínua leitura das antigas", como escreveu na dedicatória de seu livro.

Estaria disposto a tudo para cair nas graças dos poderosos do momento? Poderíamos acreditar que sim, lendo, justamente, esta surpreendente dedicatória: "Nicolau Maquiavel saúda Lorenzo de Médici, o Magnífico". Trata-se de Lorenzo, o Jovem, a quem o papa Leão X confia o governo de Florença no verão de 1513. Como é que Maquiavel pode homenagear um integrante da família Médici, responsável por sua própria desgraça e pela ruína da república? Seria ele, àquela altura, infiel a seus próprios princípios ou estaria fazendo jogo duplo?

Traição, falsidade: temos muitas maldades, decididamente, para embasar nosso julgamento a respeito de um livro cujos esforços consistem em separar a ação política da moral comum. É que, no fundo, não sabemos como lê-lo de verdade. E isso não começou ontem: a querela do maquiavelismo sempre se baseou na questão de saber não por que, mas para quem Maquiavel escreveu. Para os príncipes ou para quem deseja resistir a eles? No século XVIII, Diderot optou pela primeira resposta: Maquiavel ensina aos poderosos "uma espécie de política detestável que podemos resumir nessas palavras: a arte de ser tirano". Mas Rousseau responde o seguinte, em *O contrato social*: "esse homem não ensina nada aos tiranos, eles sabem muito bem o que têm de fazer, mas instrui o povo a respeito do que tem a temer".

Então ele é bom ou é mau? Seria melhor se pudéssemos engolir essa pergunta que queima nossos lábios. Pois, se queremos saber a quem Maquiavel se dirige quando escreve *O príncipe*, basta pularmos para o capítulo 15, onde ele declara: "Minha intenção é escrever algo de útil para quem quiser ouvir". Eis o gesto revolucionário por excelência: descrever com exatidão as coisas que acontecem e deixar aqueles que assim desejem deduzir daí as regras para a ação.

Revolucionário, sim, isso eu já disse: veja o trecho completo. Ele fala sobre a dominação que os príncipes exercem sobre seus súditos.

E, como sei que muitos já escreveram a esse respeito, temo, ao também escrever, ser visto como presunçoso de tanto que me afasto, ao discutir essa matéria, da ordem dos demais. Mas, como minha intenção é escrever algo de útil para quem quiser ouvir, pareceu-me mais conveniente ir direto à verdade efetiva das coisas do que à imagem que se tem delas. E muitos imaginaram repúblicas e principados que jamais viram nem souberam se realmente existiam.

"A ordem dos demais", apesar de Maquiavel lhes pedir licença, é toda a filosofia política. Não há mais tempo para imaginar regimes melhores. Comecemos por nomear com exatidão a prática do poder, por elaborar seu implacável relatório. E depois? Depois, veremos. Pelo menos, já fomos alertados.

13
Conquistar e manter

O livro de Maquiavel chamado comumente de *O príncipe* não se chama *O príncipe*, mas *De principatibus*, "dos principados", em latim. Que diferença isso faz e por que a posteridade esqueceu disso tão rápido? Maquiavel, como hoje sabemos, não escreveu um tratado sobre o bom governo. Não dá lições a ninguém, nem àqueles que governam nem àqueles que o leem. Nesse sentido, com efeito, ele quebra o espelho – falo do *espelho de príncipe*, esse gênero tradicional da literatura política medieval que pretende ser uma educação moral para as cabeças coroadas e estabelece a ideia simples, e constantemente imposta, de que reinar é o contrário de dominar.

Maquiavel, mestre da desilusão, diz o seguinte: paremos de tomar nossos desejos como realidades, não sonhemos com repúblicas imaginárias recorrendo a palavras, mas comecemos a fazer o inventário das diferentes maneiras de governar de acordo com a nossa experiência. *De principatibus*: o livro se apresenta, portanto, como uma tipologia, mesmo que a escrita incisiva de Maquiavel dê sempre às pressas seus sábios conselhos, descarte de súbito o plano que foi anunciado e avance com guinadas bruscas e conjuntos de digressões encadeadas – é como se o texto, fogoso, engendrasse a si mesmo.

Existe, contudo, uma distinção proposta de início, e Maquiavel se atém a ela. Ele não trata de repúblicas, mas de principados. E não trata de principados herdados – apenas daqueles que são conquistados pela força, pela astúcia, pela sorte, desses Estados que são dados aos heróis audaciosos da Fortuna, os novos príncipes. Por enquanto, não recontemos a história: é bem mais fácil conquistar o poder do que mantê-lo. Na língua de Maquiavel, *mantenere lo stato* significa, ao mesmo tempo, manter o Estado e manter-se no estado. Aqueles que se revelam incapazes não arruínam apenas a própria chance de conquistar o longo prazo – que representa o grande objetivo da política –, mas atentam contra a grandeza do Estado em termos de soberania, regime, instituição.

Pois, para saber como não perder o poder conquistado com ousadia, é preciso ter qualidades específicas que não são as mesmas da moral comum. A partir do capítulo 15, mudança de planos e inversão de perspectivas: Maquiavel explora essas virtudes que fazem do príncipe um virtuoso, sem escrúpulos, de sua própria conservação. Seu tratado ganha, a partir daí, uma outra dimensão, reluzente e provocadora. E é por isso que, desde que foi impresso pela primeira vez, de forma póstuma, em 1532, o seu editor romano, Antonio Blado, lhe dá um título mais cativante, em italiano: *Il principe*. É esse título, evidentemente, que a posteridade guarda. Convida a uma leitura que, ao mesmo tempo, generaliza e simplifica a obra, a transforma em um vade-mécum da tomada de decisão, um tratado sobre o melhor momento de agir, útil para todos os profissionais do governo dos homens e das coisas, digamos, para usar uma palavra traiçoeira, da "gestão". A partir daí, "o príncipe" se torna um termo genérico para designar, de acordo com o contexto, o governo, o partido, o chefe ou o povo. Designa a urgência de ler Maquiavel no presente.

14
O mal na política

Há, no capítulo 17 de *O príncipe*, uma fábula, daquelas que se contam às crianças para que aprendam a ter medo. Poderíamos chamá-la de "A raposa e o leão". Aqueles que nos dirigem, diz Maquiavel, sabem imitar os animais – ora astutos, ora fortes. Decidem, de acordo com as circunstâncias, se são raposa ou leão, "pois o leão não se defende das armadilhas, a raposa não se defende dos lobos. É preciso, portanto, ser raposa para reconhecer as armadilhas e leão para afugentar os lobos".
É nisso, então, que consiste governar? Bancar o animal, abdicando do que é propriamente humano para vestir uma pele de besta selvagem? *O príncipe* não é exatamente isso? Um infeliz amontoado de truques, que se reduzem às simples habilidades de dissimulação, às alegrias carnavalescas do travestismo? Assustar-se com ele: eis justamente a armadilha. Então voltemos a ler,

calmamente, a partir do ponto onde paramos, essa recomendação geral do capítulo 15:

Também é necessário a um príncipe, se quiser manter-se no poder, aprender a conseguir não ser bom e usar e não usar essa habilidade, de acordo com a necessidade.

Está tudo dito, em poucas palavras. Necessário: o pensamento político de Maquiavel é uma filosofia da necessidade. Ela visa um objetivo: manter-se. Suas regras de ação não impõem nenhum outro fim que não seja o uso: usar ou não usar, de acordo com a necessidade. Não ser sempre mau – Maquiavel escreve mais adiante, por exemplo, que é inútil para um príncipe atiçar a inveja de seus súditos, resguardar-se em palácios suntuosos ou amedrontadores, pois a melhor fortaleza que existe é não ser alvo do ódio do povo. Logo, nada de crueldades inúteis, nada de violência desenfreada, saber dosar a força – resumindo, aprender a conseguir não ser bom.

Concordo com você de bom grado: Maquiavel jamais esteve tão perto de parecer-se com a caricatura que seus adversários injuriados fazem dele. Mas esse pensamento é, aqui, bem mais subversivo do que o imoralismo banal dos cínicos. Para ele, a questão do bem e do mal é, essencialmente, adverbial: o príncipe não tem que fazer o bem ou o mal; tem que fazer bem ou mal aquilo que faz.

E a que ele se refere? Essencialmente, à maldade dos homens. Que fique claro: mais vale ser, ao mesmo tempo, amado e temido por aqueles que se governa. Mas, se for preciso escolher, seja temido, escreve o autor de *O príncipe*.

Pois podemos dizer o seguinte a respeito dos homens em geral: que são ingratos, volúveis, simuladores e dissimuladores, frouxos diante dos perigos, ávidos por lucro. Enquanto fazeis o bem a eles, estão à vossa disposição, oferecem-vos suas riquezas, seus bens, sua vida e seus filhos, quando a necessidade está longe de vós. Mas, quando a necessidade se aproxima, eles se afastam.

Será que isso nos choca? Gostaríamos de ser dirigidos por governantes que dizem, com a mão pousada sobre o coração, que nos amam de paixão? Talvez estejamos enganados. Porque, mais uma vez, se fizermos o esforço de suspender todo julgamento moral, o que Maquiavel diz é muito simples: o príncipe deve se colocar em uma situação de esperar sempre o pior daqueles que governa. Os legisladores de hoje sabem disso muito bem ou deveriam saber: não se fazem leis esperando que elas se apliquem de maneira desinteressada ou virtuosa. Fazem-se leis – ou se evita fazê-las – tentando prever seus empregos mais funestos. E se falássemos de estado de urgência?

15
Estado de urgência

É muito raro que os historiadores gozem de uma certa lucidez a respeito do presente. No mais das vezes, nem seu saber nem seu método impedem a cegueira. A única ou quase única exceção é Marc Bloch*. Escrito no calor dos acontecimentos de 1940, o seu *A estranha derrota* aborda o fato implacável de que a crise moral e intelectual das elites francesas precipitou a Derrocada, na Segunda Guerra Mundial. Esse grande livro de história imediata é também um apelo à resistência, publicado depois da morte heroica de Marc Bloch, que foi torturado e fuzilado pelos nazistas em 16 de junho de 1944.

Com *O príncipe*, guardadas as devidas proporções, Maquiavel escreveu seu próprio *A estranha derrota*. Em

---

* Marc Bloch (1886-1944) foi um historiador e professor francês condecorado por honra na Primeira Guerra Mundial. Na ocupação alemã, durante a Segunda Guerra Mundial, foi preso, torturado e fuzilado por ser judeu e membro da Resistência. (N.E.)

todo caso, os príncipes da Itália não souberam manter seu Estado face à *furia francese* dos exércitos vindos de Outremont que, desde 1494, conquistavam todos os lugares por onde passavam. E que não venham falar de azar! É certo que a Fortuna é caprichosa:

> E eu a comparo a um desses rios furiosos que, quando têm um ataque de cólera, inundam as planícies, derrubam árvores e construções, arrancam a terra de um lado e a depositam em outro: todo mundo foge diante deles, todo mundo cede ao seu ataque, sem conseguir, em momento algum, oferecer-lhes obstáculo.

O que fazer, então? Ora, aquilo que fizeram os engenheiros, como Leonardo da Vinci: Maquiavel os viu, acompanhando-os pelos canteiros das obras de desvio do curso do rio Arno. Ele os viu redirecionar e barrar, reter, conter e reduzir – resumindo, governar. Ou seja: agir sobre as circunstâncias adversas. Mas, para isso, é preciso ter *virtù*, essa virtude política que é, a um só tempo, uma razão prática, essa virtude que Maquiavel está desesperado para poder, um dia, ensinar aos príncipes de seu tempo.

Os três últimos capítulos de *O príncipe* soam como uma exortação vibrante e dolorosa: não há mais tempo para Maquiavel se entregar ao equilíbrio relaxante inspirado em *Vidas paralelas*, de Plutarco, retirando seus exemplos tanto da história dos antigos quanto da experiência dos modernos. Como o rio que transborda, o horror do presente arranca tudo por onde passa. Incluídas, sem dúvida, suas próprias convicções republicanas. E ele também clama, em última instância, pelo poder infalível de um príncipe dos novos tempos que saberá livrar a Itália do "fedor dessa dominação bárbara".

Fedor, bárbaros. Sim, você leu certo: é desse modo que Maquiavel fala dos franceses no último capítulo de *O príncipe*, abandonando toda distância irônica para se utilizar de uma fibra patriótica que ninguém sabia que ele tinha. *Italia mia*: ele cita Petrarca, e podemos compreender que essa exaltação poética da italianidade é como a expressão de uma identidade ferida, que aceitaria de bom grado o emprego da força e o poder autoritário.

Entramos, certamente, em uma zona perigosa, que parece justificar o estado de urgência durante o qual Maquiavel escreve. Ele o justifica e o instiga ao mesmo tempo – do mesmo modo que certas sociedades que se tornam violentas por ociosidade. Maquiavel, decididamente, anseia voltar para o jogo, seduzir a Fortuna, porque esse rio também é uma mulher e é preciso saber conquistar. Escrever, escrever, sempre escrever – quando irão, por fim, amá-lo?

POLÍTICAS DA ESCRITA

16
A comédia do poder

E então o golpe falha. Se a intenção de Maquiavel, ao escrever *O príncipe*, era demonstrar o quanto um homem de seu gênio era indispensável para a conservação do Estado, ele obviamente fracassou. O livro não passou despercebido, e Nicolau Maquiavel teve, durante o ano de 1514, alguma esperança de cair de novo nas graças do poder. Mas essa esperança se esvaiu rapidamente. Em uma carta de fevereiro de 1515, o papa Leão X incentiva Giuliano de Médici a "não se comprometer com Nicolau". Ainda que fique clara a ameaça das grandes ofensivas francesas (1515: batalha de Marignano), é o papa que continua fazendo a política florentina.

É preciso, portanto, prosseguir com o combate, deslocando o teatro das operações. E você pode pensar: por que teatro? Maquiavel sempre teve uma queda pela veia satírica dos comediantes romanos. Tentou, na juventude, traduzir Terêncio e compôs uma primeira peça, hoje perdida, da qual só conhecemos o título: *As máscaras*.

Em 1520, é outra de suas comédias, sem dúvida redigida alguns anos antes, que é montada em Florença. "A peça intitula-se *A mandrágora*", lê-se no prólogo. "O autor não é muito renomado: assim que, se não tiverdes do que rir, ele aceita pagar-vos uma bebida." Não foi preciso: o sucesso foi imediato. Encenada em um convento veneziano dois anos mais tarde, o entusiasmo da plateia foi tamanho que a apresentação teve de ser interrompida. Uma amarga vingança para o autor de *O príncipe* que, no prólogo, pede nossa indulgência por tanta superficialidade:

> Perdoem, posto ele se esforçar
> com seus pensamentos vãos
> para essa triste época adoçar.
> Aliás não há região
> para onde voltar seus olhos.
> Porque a ele é vetado
> mostrar capacidades outras
> e outros predicados
> e não há recompensas para seus esforços.

É certo que a trama de *A mandrágora* pode parecer fraca: um marido simplório, o velho Nícia, deixa-se enganar pelos estratagemas de um sedutor, Calímaco, que se empenha em conquistar sua jovem esposa, Lucrécia. Toda a graça reside em um conselheiro astuto, Ligúrio, e em um confessor hipócrita chamado Timóteo, e os dois completam o quadro de uma sociedade corrompida, contaminada por essa planta venenosa chamada mandrágora.

Seria preciso ver na peça uma alegoria política, onde Timóteo seria Savonarola, e Lucrécia, Florença? A república senil veria a si mesma como a jovem esposa seduzida pela atraente tirania dos Médici? Talvez. Mas o mais político, nessa comédia, não é seu possível sentido oculto, é o próprio teatro. Ou seja, a aplicação, em uma trama agradável, da implacável mecânica das paixões e dos interesses dos quais trata *O príncipe*, em um mundo obsessivamente desencantado, onde todos parecem se expressar por meio de sentenças.

Resumindo, o amor é a continuação da guerra pelos mesmos meios. A conquista de Lucrécia é conduzida metodicamente, por um encadeamento de estratagemas aos quais ela, tão pudica, acaba cedendo friamente, assim que entende que é sempre melhor se adaptar à qualidade do tempo. Tudo em um mundo encarquilhado, de uma Florença encolhida sobre si mesma, paralisada pelo medo: "Acreditais que os turcos virão para a Itália este ano?", questiona uma das personagens. "Tenho medo da maneira que eles têm de empalar o mundo."

Comédia, sério? Se trata-se de rir do próprio desespero, sim, é uma comédia.

17
Maquiavel, esse brincalhão

"Historiador, autor cômico e trágico." Assim se apresentava Maquiavel ao fim da vida, em uma carta endereçada a seu amigo Guicciardini. Sem dúvida, ele jamais escreveu uma tragédia, mas são suas comédias – *A mandrágora* e, depois, *Clízia* – que, paradoxalmente, assumem a concepção trágica da história. Está, portanto, correto, nos termos do homem de letras que Maquiavel adorava se definir, porque ele se dirige sempre a um público, de leitores ou de espectadores.

Assim que temos dimensão da importância do teatro na obra de Maquiavel, percebemos que é o conjunto de seus escritos que se encontra teatralizado. Reler *O príncipe* depois de ler *A mandrágora* não é apenas reencontrar os temas da dissimulação, do fingimento e das aparências, mas entender que neles há uma força teatral, poderosa, imperiosa, que perpassa todo o texto.

Se podemos, desde então, encenar esse texto endiabrado, é porque Maquiavel dispõe de seus papéis como os personagens de uma trama. Equivocamo-nos se procurarmos neles os porta-vozes de suas convicções políticas. Todos interpretam seus papéis, ora cômicos ora cruéis, e a verdade do teatro reside na tensão das palavras confrontadas. É por isso que, sem dúvida, Maquiavel multiplica os pronomes de tratamento: às vezes diz "tu", às vezes diz "vós", ao dialogar com o príncipe ou com o leitor. Um diálogo, tudo bem – e não era na forma de diálogo que, em outra época, escreviam-se os tratados políticos? Mas é um diálogo que alterna os gêneros ao mesmo tempo que as vozes, com mudanças bruscas de tom, onde o riso irrompe, súbito, no meio do drama da história – uma irrupção que poderíamos, de bom grado, chamar de shakespeariana, se não temêssemos o anacronismo.

Por isso, nos pomos a duvidar. E se ele estivesse brincando? Lemos, no verbete "Maquiavelismo" da *Enciclopédia* de Diderot e d'Alembert, o seguinte comentário intrigante: "Desse modo, foi culpa de seus contemporâneos se não reconheceram seu objetivo: tomaram uma sátira por uma elegia". Nada é mais difícil de perceber, em suma, do que a sutil arte da provocação prazerosa. Quando parece que Maquiavel tem prazer ao distinguir, no capítulo 8 de *O príncipe*, entre "o bom e o mau uso da crueldade" nas ações do antigo tirano Agatocles, rei da Sicília, ou do moderno César Bórgia, talvez ele se entregue a uma caricatura tão grande que, resumindo, faça uma redução ao absurdo.

Como escreve, para Francesco Vettori, em 31 de janeiro de 1515:

> Quem ler nossas cartas, honorável companheiro, e notar sua diversidade, ficará bem surpreso, porque logo perceberá que somos homens sérios, ocupados das grandes coisas, e que de nosso espírito só podem sair pensamentos honestos e grandiosos. Mas, ao virar a página em seguida, verão que somos superficiais, volúveis, lascivos e ocupamo-nos de frivolidades. Se esse modo de ser pode parecer vergonhoso para alguns, a mim parece louvável, porque imitamos a natureza, que é variada.

Varietas é, portanto, a palavra-chave. Devemos ser diversos, variados, indisciplinados – ou seja: tristes e alegres ao mesmo tempo, para que não nos desesperemos com a tarefa de viver.

18
Políticas da obscenidade

E não é que eu falho em todos os meus deveres? Ainda não lhe apresentei a vida amorosa de Maquiavel. Ele fala dela com frequência, sem rodeios, e com uma mistura desconcertante de ternura e obscenidade. Pouco depois da morte do pai, ele se casou com aquela que seria sua esposa por toda a vida. Foi no verão de 1501, e ela se chamava Marietta Corsini. Vinha de uma família de prestígio mas empobrecida. Nicolau lhe escrevia de tempos em tempos, não o bastante para seu gosto, sobretudo enquanto o serviço da república florentina o obrigava a viajar em incessantes missões. "A vós também serei agradecida se me escreverdes com um pouco mais de assiduidade, já que recebi apenas três cartas desde vossa partida" (Marietta a Nicolau Maquiavel, em novembro de 1503: a única missiva saída de sua pena que foi conservada). E Marietta continua: "Neste momento, o bebê passa bem e parece convosco: tem a pele branca como a neve, mas a cabeça parece de veludo negro e é tão peludo quanto vós. Como se parece convosco, parece-me belo". Marietta fala do mais velho de seus cinco filhos, que leva o nome do pai de Nicolau, Bernardo. Para ele, assim como para seus irmãos e suas irmãs, Maquiavel enviará até a morte cartas atenciosas. Sem dúvida, tinha vontade de construir, em torno da esposa, um grande e belo lar. No entanto, ninguém é obrigado a acreditar quando ele escrever, em 1525, no prólogo da peça *Clízia*, que põe em cena os amores de um homem idoso com duas jovens um tanto atrevidas:

> Resta-me dizer-vos que o autor desta comédia é um homem de hábitos muito decentes, que ficaria muito incomodado se, ao vê-la encenada, encontrásseis qualquer vulgaridade.

Dez anos antes, ele experimentou, com efeito, uma paixão amorosa que parecia consolá-lo do exílio e de suas decepções políticas, como escreveu para um amigo, em uma de suas cartas:

> Sabei apenas que nem meus quase cinquenta anos me incomodam nem os caminhos mais tortuosos me detêm nem a escuridão da noite me assusta. Tudo me parece fácil (...). Entro, provavelmente, em um grande tormento, mas sinto tanta doçura neste tormento, percebo tanta

suavidade e tanta beleza nesse rosto que já bani todas as lembranças de meus males e por nada no mundo quero largá-la, mesmo que pudesse.

Esse tom é ainda mais surpreendente, pois se choca com o humor vulgar tão comum em sua correspondência quando se trata de conquistas femininas. Há uma carta de 1509 que hesito citar aqui, de tão chula que é. Foi enviada de Verona para o camarada Luigi Guicciardini e descreve aquilo que ele chama de "cio desesperado" com uma velha prostituta, pavorosamente feia.

Sem dúvida, há nessa descrição cansativa alguma reminiscência de uma certa literatura de escárnio da qual Maquiavel tanto gostava. Animalidade, deformidade, pulsões: todos os elementos narrativos que aproximam o hilário do amargurado. Expor o obsceno é, em certo sentido, tornar visível aquilo que permanece fora de cena, mas é também atiçar os pássaros de mau agouro. Maquiavel é, decididamente, má influência. Se amamos tanto odiá-lo, é porque ele tem o inconveniente de abrir a boca.

19
A coragem de dar nome aos bois

Os amigos foram ficando mais raros, e a correspondência de Maquiavel foi minguando pouco a pouco. E, mesmo que pudéssemos seguir o fio da sua existência dia a dia durante esse período de intensa atividade política – esses quinze anos ao longo dos quais, de 1498 a 1512, ele "não se divertiu nem dormiu" – sua vida só se torna mais marcada pela escrita. Mesmo a cronologia de suas obras é incerta. Mas uma coisa é certa: ele não parou mais de escrever, se entregou a todos os gêneros passando rapidamente de um para o outro. Poesia, teatro, tratados, filosofia moral, história: tudo é boa ferramenta para que ele possa exercer a arte da palavra exata que, segundo ele, a maldade de seu tempo exige. Pois quando, entre as palavras e as coisas, existe apenas uma relação incerta, quando um poder injusto se esforça para tornar inútil a língua do político, é justamente aí que a exigência literária se torna imperiosa.

Não apenas para opor a força pacífica e solene dos livros às malvadezas da Fortuna, mas para exercer a coragem de dar nome aos bois.

E o que significa dar nome aos bois? Designar sem dúvida, encontrar a palavra certa, aquela que remete à verdade da coisa em si e não à ideia que fazemos dela. Para isso, é preciso descascar a língua – e não falamos, hoje, em "língua de madeira"? Os lexicógrafos ensinam que a expressão, vinda do russo "língua de carvalho", só entrou em uso em 1968, no instante em que descobrimos o quanto a língua do poder caducou, de uma hora para a outra. A língua de madeira não é apenas maçante e repetitiva: como visa dissimular uma incapacidade ou uma reticência ao dizer as coisas, manipula palavras vazias que as evitam cuidadosamente.

Trata-se, portanto, de recuperar, uma por uma, todas as palavras roubadas, depurá-las à força, virando-as e revirando-as em todos os sentidos, para recarregá-las e reencontrar a energia prazerosa de sua densidade, sua capacidade explosiva, diria eu. Um descascar poético e político, portanto, de modo indissociável. É essa a tarefa que Maquiavel impõe à língua de seu tempo. A língua comum: ele renega os neologismos e usa o latim com parcimônia. Quando escreve "*stato*" em *O príncipe* – e escreveu, precisamente, 116 vezes –, é para empregá-lo, de forma flexível, em toda a gama de sentidos possíveis (poder, dominação, território, regime...) e manter constantemente em alerta sua capacidade de denominação.

Maquiavel se conforma, nesse sentido, à língua diplomática da época, mas não só: seu italiano é aquele das chancelarias e das estalagens, da poesia refinada e dos prazeres vulgares. Defendeu a dignidade dialetal da língua toscana em um discurso de inspiração dantesca, porque também foi um leitor apaixonado de Dante. O que não o impediu de parodiar *A divina comédia* em um poema filosófico e burlesco intitulado "O asno de ouro". E, provavelmente, foi nesta mesma década de 1510 que ele imitou a veia narrativa de Boccaccio em uma novela intitulada *Belfagor*.

Será que ele queria mesmo rivalizar com os maiores escritores italianos da época? Poderíamos acreditar que sim ao lermos esta carta endereçada a um amigo de Ariosto, o célebre autor de *Orlando furioso*:

> Se estiver ao vosso alcance, recomendai-me a ele e dizei-lhe que lamento apenas que, após ter citado tantos poetas, ele tenha me ignorado *come un cazzo*, como um merda.

A coragem de dar nome aos bois, eu digo. Quem foi mesmo que disse que a função do escritor é chamar um gato de "gato"?

20
A arte política de assumir uma posição

Almeja alcançar o fim desejado? Faça, então, como um bom arqueiro. Ele aponta a mira acima do alvo, não para ultrapassá-lo, mas para acertá-lo. Em outras palavras, mire alto para mirar certo. A metáfora é tirada da retórica clássica. Maquiavel a utiliza para justificar o fato de que emprega em suas obras políticas, especialmente em *O príncipe*, "exemplos grandiosos" de homens ilustres como guias para a ação. Em termos de linguagem política, de educação ou, simplesmente, da maneira de conduzir a própria vida, devemos sempre ter em mente a seguinte lição: escolher exemplos elevados não é ser presunçoso a respeito das próprias capacidades. Pelo contrário, é "saber até onde vai a força do próprio arco", escreveu Maquiavel.

    O atirador e o pintor têm em comum essa arte de assumir uma posição. Encontrar o melhor ângulo, afastando-se quando necessário. Um passo mais para o lado, mas sem hesitar, encarar o tema. Tal arte é política, eminentemente política, e é, sem dúvida, o motivo pelo qual Maquiavel alude a ela com frequência, em especial na seguinte passagem impressionante da dedicatória de *O príncipe*:

> Como aqueles que desenham paisagens posicionam-se no fundo da planície para observar a natureza das montanhas e dos lugares elevados e, para observar os lugares baixos, posicionam-se no alto das montanhas; para bem conhecer a natureza do povo, de forma semelhante, é preciso ser príncipe e, para bem conhecer a natureza dos príncipes, é preciso ser povo.

"Como aqueles": uma comparação, portanto. Mas com quem? "Aqueles que desenham paisagens" poderia se referir aos cartógrafos, aos pintores. Leonardo da Vinci foi ambos e tentou afinar os ritmos do mundo por meio de uma prática obstinada do desenho. Tornar visível a qualidade do tempo: nisso, Leonardo e Maquiavel foram contemporâneos e não apenas por que, muito provavelmente, devem ter se encontrado, entre 1502 e 1504, na região da Romanha sob o governo de César Bórgia, em Florença no Palazzo della Signoria ou na Toscana, nos canteiros de obras do redirecionamento do Arno, com os especialistas em curso de rio.

Ali, a jusante, é a melhor posição para observar a arte de governar. Existe, sem dúvida, uma ciência do Estado que domina os príncipes e aqueles que os aconselham.

Eles conhecem a natureza do povo, ou seja: observam, das alturas, as paixões sociais que o instigam. Mas o que não enxergam, do alto de sua eminência, é a realidade de seu poder. É por isso que sempre acabam por se deixar cegar pela própria força. Aqueles que melhor a compreendem, contudo, são os que a suportam. É isso que Maquiavel concede de bom grado aos dominados: o saber a respeito de sua dominação. Um saber energicamente emancipador para aqueles dispostos a compartilhá-lo. Nos *Discursos sobre a primeira década de Tito Lívio*, escreveu: o povo sabe quem o oprime.

Que livro é esse e como se constitui esse saber político do desentendimento? É isso que tentaremos compreender a seguir. Mas compreendamos bem o âmbito dessa metáfora pictórica do conhecimento político. Ela não nos afasta de seu retrato de homem de letras, de escritor e criador. Pelo contrário, aproxima-nos. Porque nos lembra que, para trazer à luz a verdade da coisa em si, sempre é preciso, de certa forma, inventá-la.

A REPÚBLICA DAS DESAVENÇAS

21
O que é uma república?

É um jardinzinho à sombra de um palácio. Aonde se vai para tomar ar, sob estátuas antigas e árvores perfumadas cujas essências longínquas evocam a imensidão do mundo. Ali, fala-se de literatura e de política, para relaxar com conversas refinadas – mas também, quem sabe, para preparar o futuro. E quem seriam essas pessoas? Alguns florentinos bem-nascidos, reunidos em torno de Cosimo Ruccellai, o mestre desses lugares chamados, em latim, de *Oricellari*, jardins de Ruccellai.

Eu já disse que Maquiavel era um grande orador? Era, certamente. Tanto que, a partir de 1517, eram muitos os que vinham ouvi-lo discorrer sobre a república romana. No século I de nossa era, Tito Lívio conta suas origens na monumental *História de Roma*. Não se espera de Maquiavel uma glosa sabiamente organizada do ilustre historiador antigo, como se fosse um exercício escolar. Ele comenta

Tito Lívio para nele procurar as regras da ação. Com toda a liberdade, pretende corrigir o presente utilizando a inteligência do passado.

Ali, Maquiavel retoma uma obra que, provavelmente, tinha começado antes de redigir *O príncipe*. *Discursos sobre a primeira década de Tito Lívio*: é esse o título do livro inacabado que só será publicado em 1532, cinco anos depois da morte de Maquiavel. Trata-se de uma contraparte republicana de *O príncipe*? De certa forma, sim, as duas obras se contrapõem. Três partes de extensão irregular, um tema vago e fragmentado: os *Discursos* parecem prolixos e incoerentes na mesma medida em que *O príncipe* é denso, contundente, contido. Seus editores tiveram trabalho para reunir essa massa em movimento, que parece atropelada pela história ou, mais precisamente, pela energia que Maquiavel emprega para propor uma arte prática da emancipação.

Então, que fique claro que encontraremos nos *Discursos* brilhantes considerações a respeito do regime republicano. Mas, no fundo, o essencial reside menos no funcionamento das instituições do que na própria ideia de soberania popular. Reconhecer sua legitimidade – é a base de qualquer república – implica uma antropologia política da natureza do homem. E é essa antropologia o objetivo de Maquiavel.

O capítulo 58 do primeiro livro se intitula "A multidão é mais sábia e mais constante do que um príncipe". Nele, lemos:

Não é sem motivo que se compara a voz do povo à voz de Deus. Porque vê-se que a opinião universal resulta maravilhosamente de seus prognósticos; de sorte que ela parece prever, por uma virtude oculta, o bem e o mal que estão à espera.

Esse é o principal credo da fé republicana. A continuação do texto de Maquiavel não cessa de fragilizá-la: há diversos exemplos históricos nos quais o povo se enganou – mais precisamente, nos quais foi enganado pelas mentiras mais deslavadas. Daí a proposição essencial do capítulo 47:

> Os homens se enganam em seus julgamentos gerais, mas não se enganam quanto aos detalhes.

O que é o povo? Uma opinião. E essa opinião é fundamentada? Não, o mais das vezes é equivocada. E por quê? Porque o povo vê as coisas de longe. O que é uma república? O regime que leva em conta essa opinião, mesmo quando consiste apenas em emoções e preconceitos. Como é possível ainda ser republicano? Permitindo que o povo se aproxime da realidade do poder, para que veja as coisas de perto e não se deixe mais enganar por ideias gerais.

22
Elogio do desentendimento

Enfim, sejamos sensatos, morremos de tanto repetir. Todos os moralistas disseram isso, dos estoicos aos humanistas, de Sêneca a Petrarca: a turba é um monstro volúvel e ignaro. Como poderia o povo governar a si mesmo?

Pode, responde Maquiavel, em seus *Discursos sobre a primeira década de Tito Lívio*. Porque, sendo completamente ignorante, o povo é capaz da verdade. Sabe o que quer ou, mais precisamente, o que não quer: deixar-se dominar. Por esse saber, alcança a verdade, que é a verdade da dominação.

A ideia já aparece no oitavo capítulo de *O príncipe*:

> Em qualquer cidade, encontram-se dois humores diferentes; e isso vem do fato de o povo não desejar ser comandado nem oprimido pelos grandiosos; e do fato de os grandiosos desejarem comandar e oprimir o povo.

Dois humores, portanto, que hoje chamaríamos de "aspirações sociais". Mais precisamente, Maquiavel dizer "humores" significa que ele se utilizou de uma metáfora da medicina hipocrática.

Para Hipócrates, a saúde do corpo depende do equilíbrio de seus fluidos. O médico cuida desse equilíbrio. A arte política é como a medicina: uma ciência de singularidades, que consiste em elaborar um diagnóstico. O diagnóstico maquiaveliano pode ser lido em seus *Discursos sobre a primeira década de Tito Lívio*: a saúde do corpo social resulta do equilíbrio de seus humores, ou seja, não de uma ordem política que nega os distúrbios, mas de uma organização das desordens sociais. Em outras palavras, a república é baseada na discórdia, é a administração pacífica – posto que equilibrada – dos conflitos.

E tem mais – quer dizer, mais perturbação ou mais escândalo. Você acha que as boas leis nascem dos legisladores virtuosos? É que você ainda é um idealista. Não: as leis justas resultam do uso adequado desse conflito social original. "Todas as leis escritas em favor da liberdade nascem da oposição" desses dois humores, escreveu Maquiavel. Quando afirma que a grandeza de Roma residia na cisão entre a plebe e o Senado, Maquiavel está sendo, mais uma vez, um provocador incorrigível. Ele sabe que os florentinos odeiam a divergência e temem o tumulto. Mas também sabe que a sabedoria dos antigos foi ter organizado o conflito, orquestrado a dissidência.

É isso, portanto, a política. Agir de modo que o povo esteja bem organizado. Pois a vida livre, a vida autenticamente livre, é regida pela lei – ou seja, uma norma coercitiva reconhecida por todos. O mais nocivo ao espírito público, escreveu Maquiavel, é "fazer uma lei e não a observar; e é ainda pior quando ela não é observada por aquele que a decretou".

Não pense que o autor dos *Discursos* contrapõe dominantes e dominados. Ainda no famoso capítulo 58 do livro I, lemos o seguinte:

> Se as crueldades da turba visam aqueles que ela teme serem capazes de se apoderar do bem público, as de um príncipe visam aqueles que ele teme serem capazes de se apoderar de seus bens.

Aceitar o princípio de simetria entre os dois humores e, de partida, adotar o ponto de vista do povo, reconhecendo o amor pela justiça como motor de suas ações. Será que Maquiavel se tornou idealista? Pelo contrário. Ele aqui se aproxima da zona perigosa: a da violência ao longo da história.

23
Estamos desarmados

Desçamos novamente até o jardim, por favor. O jardim dos Ruccellai, onde Maquiavel conversa com ambiciosos patrícios florentinos sobre a literatura antiga e a política moderna. É nesse jardim que nosso autor situa o diálogo fictício de *A arte da guerra*. Ele contrapõe um *condottiere* e um aristocrata no âmbito da organização das legiões romanas e da necessidade de empreender uma reforma profunda da guerra contemporânea de acordo com esse modelo. Esse tratado é o único que Maquiavel publicou ainda em vida, em 1521: é, a um só tempo, arqueológico (ele disserta com erudição sobre o pensamento estratégico dos antigos), técnico (apresenta esquemas táticos para manobrar um exército) e, sobretudo, político.

Pois Maquiavel está convencido: a questão das armas é crucial para o exercício do Estado. Que se define, então, pela seguinte escolha fundamental, da qual todas as demais decorrem: quais são as populações armadas, quais são as populações desarmadas? Hoje, diríamos: como são distribuídos os recursos da violência legítima? A esse respeito, ele já se decidiu e há muito tempo. Exprime sua opinião sem rodeios em *O príncipe*:

> A única causa da ruína da Itália é o fato de que aqui tudo depende, há incontáveis anos, de armas mercenárias.

Heróis da Fortuna, vindos do nada e dispostos a tudo, esses empresários da guerra são pagos para fazê-la e mais ainda para deixar de fazê-la. Em italiano, são chamados de *condottieri*, porque possuem, com os Estados, uma *condotta*, um contrato, que não lhes impede de traí-los, já que podem aceitar o serviço que pague mais.

Uma descrição assim é, sem dúvida, exagerada, pois os Estados italianos conseguiram, no século XV, disciplinar as milícias de seus *condottieri*. Mas elas não chegam aos pés dos exércitos permanentes das grandes monarquias nacionais. Sobretudo, são incompatíveis com o princípio político que Maquiavel não cansa de sublinhar:

> Os melhores exércitos que existem são aqueles das populações armadas.

E esse é o embate de sua vida, e é tudo menos teórico: em 1509, ele reúne em Florença uma milícia cívica e tenta, até a morte, defender sua eficácia militar e política.

Será que se trata de imitar os legionários de uma Roma feroz e virtuosa? Sim, sem dúvida, para ele, o exército moderno é aquele do tempo antigo. No entanto, Maquiavel também pensa a partir de exemplos contemporâneos. Por serem "os únicos que conservam alguma sombra da milícia antiga", os suíços são os "mestres das guerras modernas". É certo que, durante os anos 1510, os exércitos suíços são os árbitros da situação política na Itália. Mas o que Maquiavel mais admira é a coesão política de seus camponeses soldados, unidos pela defesa das liberdades cantonais.

Seus detratores debocharam, dizendo que era uma estratégia de gabinete, que ele ignorava a artilharia e sonhava restaurar a severidade de uma Antiguidade fantasma. Estavam enganados. Maquiavel foi o primeiro teórico da guerra suja, uma guerra de camponeses, política e brutal, durante a qual as campanhas militares devem ser "curtas e grossas" – entenda-se impactantes e destruidoras. Ele não imagina a batalha a não ser como um choque paroxístico de forças. Seu pensamento, eminentemente prático, é – mais uma vez – dos mais perturbadores, ao colocar a violência no coração das escolhas políticas. Adoraríamos, de verdade, passar sem ele. Mas será que teríamos os meios para isso?

24
A violência na política

A arte da guerra termina com um comentário cruel e irônico:

Nossos príncipes italianos pensam que basta imaginar, em seus gabinetes, uma resposta brilhante, escrever uma bela carta, demonstrar nas palavras sutileza e presença de espírito, saber traçar um estratagema, adornar-se de ouro e de joias, dormir e comer de modo mais abundante do que os outros...

E tudo isso para se manter ao abrigo dos caprichos da Fortuna. Coitados. Não viram o que estava por vir: "Grandes horrores, súbitas fugas e impressionantes desastres".

Dessa forma, tudo está dito: se houve uma Renascença italiana, digamos, na língua malcriada de hoje, um superinvestimento na indústria dos bens culturais, é porque os príncipes pensaram que ali despendiam sua energia, não para se distrair das futilidades do poder, mas para exercê-lo eficazmente. Em outras palavras, o embelezamento do poder é uma forma de defesa: o poderoso se protege rodeando-se de inteligências bajuladoras e de coisas belas.

Essa ideia é reconfortante e doce. Não tem como não nos agradar. Mas se despedaça na grande gargalhada maquiaveliana, que deseja restabelecer a ordem. O governante prudente, lê-se em *O príncipe*, "não deve ter outro objetivo nem outro pensamento a não ser a guerra e as instituições e a ciência da guerra". Mas então o que é a paz? Maquiavel responde: é a violência no poder, aquela que não precisa ser exercida a não ser como consequência de uma ameaça insidiosa, que é ainda mais eficaz porque é vaga, incerta e dissimulada.

Esse Estado oculto fica exposto em situações particulares: quando acontece um golpe de Estado. Os *Discursos sobre a primeira década de Tito Lívio* o evocam em um pequeno tratado dentro do tratado que, mais tarde, terá uma difusão à parte. Usando uma grande paleta de exemplos históricos, Maquiavel demonstra de início que o maior perigo para um príncipe é o complô de seus familiares:

> O príncipe que quiser salvaguardar-se das conspirações deve temer mais aqueles aos quais fez muito bem e menos aqueles a quem fez muito mal.

No final, ele demonstra que as conspirações são, na maioria das vezes, fadadas ao fracasso. Que são perigosas, sobretudo para seus autores, e que constituem, portanto, uma forma estéril de luta política.

O golpe de Estado reforça o Estado. Mas – acompanhe com atenção: sempre existe uma jogada antecipada na partida que estamos prestes a disputar – é reforçando que se enfraquece. Maquiavel assim escreveu, em *História de Florença*:

> De sorte que um príncipe, assolado por essas conspirações, se não for morto – coisa que raramente acontece –, adquire mais poder e, de bom que era, torna-se mau. Elas suscitam no príncipe temores; o temor suscita o desejo de se reforçar; esse desejo suscita a necessidade de exercer a violência, de onde nascem em seguida os ódios e, depois, a queda. Dessa forma, as conspirações perdem logo seus idealizadores, já que prejudicam com o tempo aqueles de quem eram objeto.

Última pirueta por parte de um pensador que não desdenha o gosto pelo paradoxo? É algo mais profundo do que isso: o golpe de Estado revela o segredo de Estado, que é sua violência inerente, aquela que permanece oculta no exercício do governo. Mas quando é exposta, veja, ela se enfraquece. Só é poderosa enquanto não declarada. Mais um motivo para dizer, junto com Maquiavel: o rei está nu.

25
O fim não justifica os meios

Esta é a história de um homem que mata seu próprio irmão. E o mata de maneira atroz, porque não quer dividir o poder com ele. Sozinho, funda uma cidade, e essa cidade se torna a capital do mais grandioso império universal da história. Essa cidade é Roma, o assassino se chama Rômulo; e Remo, seu irmão gêmeo que foi, como ele, amamentado por uma loba, é a vítima desse crime fundador. Você conhece a história, mas o que fazemos com essa história? Como tolerar a ideia de que a grandeza de um Estado se paga a preço de sangue, de um assassinato original?

A tradição romana e, mais tarde, cristã, de interpretação do fratricídio se divide em dois ramos principais. O primeiro (ilustrado especialmente por Tito Lívio) minimiza o crime; o segundo, pelo contrário, o dramatiza. Cícero, por exemplo, faz dele a matriz de todas as guerras civis –

matriz que, em um autor cristão como Santo Agostinho, se torna o pecado original de toda construção política.

E Maquiavel? Como de costume, enfrenta a questão embaraçosa sem rodeios, porque essa é a questão da violência fundadora do direito. Em *Discursos sobre a primeira década de Tito Lívio*, ele vai contra as duas tradições. Sim, escreve ele:

> Muitos consideram um mau exemplo que um fundador da república, como o foi Rômulo, tenha matado o próprio irmão.

Mas, se Rômulo foi violento, foi "para reconciliar" e não "para destruir", queria "ser útil não apenas a si mesmo, mas ao bem comum, não à sua própria descendência, mas à pátria". É preciso se debruçar sobre a afirmação seguinte: "Devemos convir que o fato o condena enquanto o efeito o inocenta".

Você entendeu? Enfim ele disse! Mas, você bem sabe, essa famosa frase que, para o antimaquiavelismo, resume sua famigerada doutrina: inocentar Rômulo apesar de os fatos o condenarem é o mesmo que admitir que os fins justificam os meios. Na verdade, é mais sutil do que isso. Maquiavel escreveu no futuro do pretérito: a fundação de Roma inocentaria Rômulo do crime, mas o inocentaria posteriormente. Rômulo não tinha o direito de matar o irmão, mas teria o direito de fazê-lo, uma vez provado o efeito benéfico de seu ato. Isso quer dizer que o Estado não está em seu direito quando se baseia em direito – situa-se justamente, naquele limiar de indistinção entre a força e a lei, onde o que tem força de lei encontra sua origem fora de si, na exceção da violência original. Assim, pode-se, ao mesmo tempo, condenar a violência do fundador e reconhecer a autoridade de sua fundação.

No entanto, isso não quer dizer que o fim justifica os meios. Não apenas Maquiavel jamais escreveu essa frase como também jamais poderia tê-la escrito. Sua filosofia da necessidade repousa sobre o princípio da indecisão de sua época e da imprevisibilidade da ação política: não seria possível justificar o fim pelos meios pois, no momento de que se trata, o fim nos é desconhecido; ele sempre chegará tarde demais para justificar os meios da ação. Governar é agir na cegueira da indeterminação do tempo. A lição é terrível: eis porque esse princípio, a morte fundadora de Remo pelas mãos de Rômulo, continua até hoje.

NUNCA É TARDE DEMAIS

26
Escrever a história

Em 4 de maio de 1519, aos 27 anos, morre Lorenzo de Médici. Ele dedicou sua curta vida, sobretudo, a frustrar as esperanças políticas de muitos que confiaram nele. Maquiavel a ele dedicou *O príncipe*, em vão. Lorenzo se foi: podemos agir. O papa Leão X encarrega seu primo, o cardeal Giulio de Médici, de se apoderar do governo da cidade. Mais um Médici: mas com ele, sem dúvida, é possível se entender. De tanto cercar os poderosos, Maquiavel enfim consegue alguma coisa. No ano seguinte, em 1520, os membros da Academia florentina encomendam ao antigo exilado uma história de Florença, a ser escrita em dois anos, em latim ou em língua vulgar, como ele quiser, por 57 florins de ouro, nem um centavo a mais. É pegar ou largar.

Ele pega. Eis então o Maquiavel historiador público, encarregado oficial da crônica de uma cidade, ou, melhor, da família que a domina, os Médici. Estaria ele disposto a tudo para voltar ao jogo político, ao ponto de se tornar um bajulador daqueles que depuseram a república? Não, que fique bem claro: ele fingirá.

Há algum tempo [escreve para o amigo Guicciardini, em 17 de maio de 1521], eu não digo o que penso nem penso o que digo e se, por vezes, digo a verdade, escondo-a no meio de tantas mentiras que é difícil descobri-la.

Como, então, descobrir a verdade dessa *História de Florença* que Maquiavel escreverá, enfim, em quatro anos e em italiano? Muito mais do que um exercício de falsidade, é uma maneira de profanar as grandezas do tempo. Escrever a história, para Maquiavel, consiste em saber mostrar-se desagradável. Com seus mecenas, certamente, mas também com aqueles que esperam que ele denuncie suas torpezas. A principal responsabilidade de sua narrativa é a perda da inocência: o historiador não exalta nem os homens de vulto nem os belos princípios, nem se dedica mais à peroração virtuosa do que à baixeza cortesã.

Não, escrever a história exige que Maquiavel descreva a força do conflito, da discórdia, da inimizade na constituição política de sua cidade. A passagem mais célebre de seu livro trata da revolta dos *Ciompi*, que ocorreu durante o verão de 1378, durante o qual os mais miseráveis operários da grande fábrica de lã da cidade tomaram o poder. O pânico foi tamanho entre os homens poderosos que, cento e cinquenta anos depois, eles ainda tremiam.

Maquiavel enfrenta esse grande medo, dando voz a um revoltoso que defende a violência política.

Parece-me que estamos indo na direção de certas conquistas, porque aqueles que poderiam se opor são ricos e desunidos: sua falta de união nos trará, portanto, a vitória, e suas riquezas, quando as tomarmos, nós as conservaremos. Não vos assusteis com a antiguidade de suas origens, com a qual se opõem a nós. Pois todos os homens, tendo uma mesma origem, são igualmente antigos e são feitos da mesma maneira pela natureza. Ficai nus, vereis que somos semelhantes; vesti-nos com suas roupas e a eles com as nossas, pareceremos certamente nobres, e eles não parecerão.

Por muito tempo, essa passagem será lida como um manifesto, um panfleto subversivo, como se o operário revoltado fosse ali o porta-voz de Maquiavel. Mas escrever a história não é se passar por ventríloquo, colocando belos discursos na boca de personagens do passado. Escrever a história é, aqui, dar aos *Ciompi* e aos Médici a mesma dignidade, é fazer ouvir aqueles que não têm voz. É dizer, pura e simplesmente, aquilo aconteceu, aquilo foi possível.

27
Será que é tarde demais?

Ele volta. Ou melhor, não: ele surge. No dia 17 de março de 1520, um de seus amigos poderosos, Filipo Strozzi, escreve para seu irmão Lorenzo, para quem é feita a dedicatória de *A arte da guerra*:

> Fico feliz que tenhais conseguido levar Maquiavel para os Médici porque, já que ele conseguiu ganhar um pouco da confiança de nossos mestres, é um homem que está prestes a ressurgir.

Será que Nicolau Maquiavel conseguirá recuperar o tempo perdido? Depois de oito anos de exílio e de escrita, eis que ele retoma o caminho da ação política. De início, com missões modestas, feitas na medida da confiança que lhe concedem. Vai para Luca, tratar de algum assunto comercial; para Carpi, negociar com os frades menores da

Toscana. Depois, em novembro de 1523, o cardeal Giulio de Médici, para quem Maquiavel escreveu *História de Florença*, torna-se papa sob o nome Clemente VII. Seu raio de ação então se amplia: é para Roma e para Veneza que ele parte em embaixada.

Mas, ao mesmo tempo, são os assuntos italianos que tomam uma direção completamente diferente. As guerras da Itália entraram em sua segunda fase, propriamente europeia: aquela do enfrentamento entre dois grandes soberanos com pretensões universalistas, ou seja: Francisco I, rei da França, e Carlos V, príncipe da Casa de Habsburgo, herdeiro do principado de Borgonha e do reino de Nápoles, rei da Espanha e imperador dos romanos. No dia 24 de fevereiro de 1525, ele inflige a Francisco I uma terrível derrota em Pavia, enquanto, na Alemanha, há o levante dos camponeses, que aderiram à reforma luterana.

A história, dali em diante, se precipita em ritmo acelerado. Que podem fazer os pequenos Estados italianos para não serem esmagados por seu curso impetuoso? A Fortuna é como um rio que transborda. Em junho de 1526, Maquiavel junta-se ao campo lombardo onde se concentram os exércitos da coalizão da liga de Cognac contra os imperiais. A liga reúne Veneza, Florença, Milão, Francisco I e o papa. Maquiavel se renova com a vida militar: conhece o jovem e brilhante *condottiere* João das Bandas Negras e reencontra o amigo Francesco Guicciardini, que os franceses chamam de *Guichardin*, tenente-general das tropas pontificiais.

Eis que já faz muitos anos que ele mantém com Guicciardini uma correspondência farta. "Mais do que qualquer um, vós sempre estivestes bastante distante das opiniões comuns e inventastes coisas novas e insólitas", escreve Guicciardini para Maquiavel. Seria tarde demais? Para agir, sim, quem sabe: a essa altura, Maquiavel se desespera com a república e com a capacidade dos italianos de se armar diante das tropas imperiais. Mas nunca é tarde demais para analisar a situação e prevenir o desastre, nunca é tarde demais para organizar a retaliação, nunca é tarde demais para recorrer às políticas da amizade.

O que é a história? Será que pode retroceder? Guicciardini se expressa da seguinte maneira, com o tom afetuoso e jocoso que utiliza quando escreve para o amigo:

> Meu caro Maquiavel, penso, do fundo do meu ser, que apenas os rostos dos homens e a forma das coisas mudam, mas que essas mesmas coisas voltam. E também assistimos a acontecimentos que estão se repetindo. Mas a mutação dos nomes e da forma das coisas é tamanha que só os sábios têm condições de reconhecê-las. É por isso que a história é útil e valiosa, pois te mostra e te faz reconhecer aquilo que tu jamais viste ou conheceste.

28
1527, o fim de um mundo

É um massacre sem precedentes. Uma pilhagem atroz, interminável, que traumatiza toda a cristandade, mas a qual Carlos de Bourbon, comandante das tropas imperiais que se apoderam de Roma no dia 6 de maio de 1527, garante que não seja imaginável. Hoje, é difícil ter noção do choque que foi para a Europa a notícia do saque de Roma. Como justificar tamanha violência por parte dos lansquenetes luteranos, a não ser tomando como medida o seu rancor? É isso que a comitiva de Carlos V se apressa em dizer. Alfonso de Valdés, em Madri, canta da seguinte forma o réquiem para uma cidade corrompida: "Cada um dos horrores do saque é o castigo exato, necessário, providencial, para cada uma das vergonhas que maculam Roma".

A Europa moderna, desencantada, debruça-se, em 1527, em cima desse grande cadáver às avessas que é a cidade de Roma. A notícia do saque chega à Florença no dia 12 de maio. A onda de choque é tamanha que precipita a queda do regime dos Médici. Quatro dias depois, um levante popular exige a restauração do Grande Conselho. A república é restabelecida em Florença. Aquela, que Maquiavel defendera com tanto ardor, mas também aquela que ele, pacientemente, aprendeu a deixar de amar. Seria novamente sua hora? Não, dessa vez, é realmente tarde demais. Nicolau Maquiavel se coloca à disposição, é claro, mas o novo regime prefere um antigo aliado fiel aos Médici, disposto a jurar submissão, em vez de confiar naquele que se revelou infiel a seus ideais republicanos. É o seguinte: a traição sempre será preferível à lucidez.

Tudo acabou, portanto. E Maquiavel sabe. Sem dúvida, há muito se prepara para a morte. Veja a carta de seu filho Piero, de treze anos, ao tio, no dia 21 de junho de 1527:

> Querido Francesco. Não posso conter o choro ao informar-vos que, no dia 21 deste mês, morreu Nicolau, nosso pai, de dores no ventre provocadas por um medicamento que ele tomara no dia 20. Foi o desejo dele confessar os pecados ao frade Matteo, que permaneceu ao seu lado até o momento da morte.

Confessar os pecados? Não é essa a lembrança que a posteridade conservará. Logo contarão que Maquiavel, antes de morrer, teve um sonho. Vê, vindo em sua direção, uma turba miserável e triste, em andrajos. Pelo outro lado, avança outro grupo, nobre e solene. Ele pergunta aos primeiros quais são seus nomes: somos os santos que irão para o paraíso. E os segundos declaram: somos os condenados que irão para o inferno. Mas, Maquiavel os reconhece: no meio deles, estavam todos aqueles grandes espíritos da Antiguidade que já haviam conversado com ele com tanta liberalidade. Com eles, ainda é possível falar de política. Por que se entediar com a plebe? Sem pensar duas vezes, Maquiavel decide: seguirá os grandes homens até o inferno.

Não é assim tão impossível que essa anedota, que depois seria amplamente utilizada pelo antimaquiavelismo, seja autêntica. Quando morre, rodeado de amigos, Maquiavel dá a última pincelada em seu retrato de provocador ímpio. Quais eram os sentimentos religiosos desse leitor de Lucrécio que confessou os pecados antes de morrer? Nós os desconhecemos. Mas o que conhecemos é a imagem que ele quer passar de si mesmo no instante em que, no ano de 1527, o mundo cristão está abalado. A história continuará sem Maquiavel, com Maquiavel, contra Maquiavel. Uma história de fantasmas e traições.

29
Anatomia do espectro

"Nenhuma elegia pode ser digna de tão grande nome." É esse o epitáfio gravado, em latim, no túmulo de Maquiavel, pago com verba pública em 1787, na Basílica de Santa Cruz, em Florença. É lá que está sepultado desde 22 de junho de 1527, o dia seguinte à sua morte. Mas o corpo de um escritor é o *corpus* escrito de suas obras. É ele que, apesar da indignação, apesar dos escândalos, não vai parar de assombrar nossa modernidade política depois de sua morte.

No mês de agosto de 1531, o papa Clemente VII concedeu ao impressor romano Antonio Blado o privilégio de publicar a obra de Maquiavel: *O príncipe, Os discursos* e *História de Florença*, em três volumes. Outras edições logo se seguiram, em Florença e, sobretudo, em Veneza, que era na época a capital europeia da impressão. O ritmo dessas reimpressões e o formato dessas obras baratas demonstram que havia um bom mercado para esses livros, que o cardeal inglês Reginald Pole disse que haviam sido escritos "com o dedo do diabo".

Pois os tempos mudam, e a difusão da obra de Maquiavel passa a contrariar o rigor da Contrarreforma. Na Itália, os jesuítas orquestram uma verdadeira campanha antimaquiavelismo que resulta, em 1559, na inclusão do autor de *O príncipe* no *Index*. O *Index librorum prohibitorum* era um catálogo de livros perniciosos cuja leitura era considerada um pecado mortal – catálogo este que será atualizado regularmente pela Congregação do Índice do Vaticano até 1961. Ele proibia, teoricamente, até citações das obras condenadas. Na Espanha, a censura pontificial bloqueou a disseminação de traduções de *O príncipe* que havia se desenvolvido rapidamente alguns anos antes. Na França, ao contrário, a obra é impulsionada: no contexto confuso das guerras de religião, Catarina de Médici favorece tanto a tradução de *O príncipe* feita por Jacques Gohory que os huguenotes, protestantes franceses, não tiveram problema algum para denunciá-la como maquiavélica.

Enquanto o nome de Maquiavel se deforma em "ismo" – o maquiavelismo se tornou o insulto supremo que as boas almas dirigem aos políticos –, o pensamento de Maquiavel continua a circular, mas sob codinomes. Quando um autor dos séculos XVI ou XVII finge fazer referência a Tácito, é mais provável que tenha dado uma olhada em Nicolau Maquiavel. Brincadeira de máscaras ou de tolos?

Em vida, é como se Maquiavel tivesse começado a desaparecer ou, melhor, a se dissipar. Teve, em 1523, a desagradável surpresa de ficar sabendo que, em Nápoles, um respeitável filósofo aristotélico de nome Agostino Nifo fazia circular, com o seu nome, uma tradução pirata de *O príncipe* em latim. Não contente em roubar sua obra, ele a subvertia completamente para exaltar a monarquia. Após sua morte, a obra teve uma disseminação lenta, progredindo em direção ao invisível, como uma nuvem.

Um espectro, digo eu, um espectro que vaga. Não nos livraremos dele. Com ele, segundo ele, contra ele, todos contra ele. Mas jamais sem ele.

30
Filosofar sobre tempos difíceis

Estamos em 1795 e Marc-Antoine Jullien lê Maquiavel. É um dos integrantes da Convenção Nacional, amigo de Robespierre, preso após o término do período do Terror. Já faz mais de um ano que rumina seu fracasso. "Leia o divino Maquiavel e encontrará a teoria da nossa revolução e a história das falhas daqueles que contribuíram para ela e foram por ela devorados", escreveu para um de seus amigos.

Estamos em 1864 e Maurice Joly lê Maquiavel. Desesperado com o império autoritário de Napoleão III, escreve seu *Diálogo no inferno entre Maquiavel e Montesquieu*. O primeiro humilha o segundo com sua lógica implacável. Dá voz ao inimigo. Montesquieu é democrata, mas está perdido. Diante de Maquiavel, o filósofo das Luzes se torna um homem do passado.

Estamos em 1933 e Antonio Gramsci lê Maquiavel. Filósofo, membro fundador do Partido Comunista italiano, está na prisão depois que um procurador fascista declarou em seu julgamento: "devemos impedir esse cérebro de funcionar por vinte anos". Ele quer entender os motivos do fracasso, não apenas do republicanismo, mas de "todas as tentativas de criar uma vontade coletiva nacional-popular". Bem depois, em 1972, o filósofo Louis Althusser fará o seguinte comentário: "se Maquiavel fala com Gramsci, não é no passado, é no presente. Melhor ainda: no futuro".

Hoje, lemos Maquiavel. Como todos que vieram antes de nós, o lemos no futuro. Todos, sim, e não apenas Jullien, Joly, Gramsci. Pois se o último leu Maquiavel, também foi para arrancá-lo das apropriações mortíferas. E Mussolini não tentou transformá-lo em precursor do Estado novo, caracterizado pela estilização estética da onipotência?

Todo mundo lê Maquiavel, tanto os vencedores como os vencidos – até Silvio Berlusconi arriscou prefaciar *O príncipe*. Então por que privilegiar aqueles que leem Maquiavel para evitar o desastre? Seria por fidelidade ao destino atormentado desse homem? Não só. É porque sabemos muito bem que o nome de Maquiavel só surge quando há uma grande tormenta. Ele anuncia as tempestades. Não para preveni-las, mas para nos ensinar a pensar sobre tempos difíceis.

Houve, desde sua morte, em 1527, muitos momentos maquiavelianos durante os quais seu pensamento se tornou, subitamente, atual de novo. Por "momento maquiaveliano", deve-se entender essa indeterminação do tempo pela qual um ideal republicano se confronta com sua própria impotência, com a usura das palavras e a opacidade da representação, aquilo que hoje chamamos de fadiga democrática.

Raymond Aron escreveu, em 1945: "A querela do maquiavelismo se reacende toda vez que os césares mergulham a Europa na servidão e na guerra". E estamos assim? Talvez não, ou não ainda. Se a história foi marcada por uma sucessão de momentos maquiavelianos, houve momentos fortes e momentos fracos, mais discretos, mais sorrateiros, mais inebriantes. Os momentos fracos nem sempre são os menos perigosos, já que ameaçam o torpor geral. Maquiavel é um despertador, porque é escritor. Escreve para pôr o dedo na ferida. Escreve para reavivar, não o esplendor das palavras, mas a verdade das coisas.

Epílogo provisório

Apenas uma única dessas crônicas não foi transmitida pelas ondas da rádio France Inter que se propagaram no verão de 2016: a quinta, dedicada à leitura feita por Maquiavel de *De rerum natura* de Lucrécio, "um livro perigoso, um livro perverso, que faz o mundo sair dos trilhos e o tira do prumo". Prevista para ir ao ar na sexta-feira, 15 de julho, foi engolida pela tristeza, pela raiva e pela confusão que se seguiram ao ataque terrorista no passeio dos Ingleses, em Nice*. Um ano depois, juntou-se às outras crônicas, que praticamente não foram reescritas, porque eu não quis mexer com a forma oral em que residia seu sofrimento. Sobrou a ferida, que marca o conjunto. Sempre podemos retomar a palavra, mas não esqueceremos o silêncio que se faz no meio de um grande estrondo.

A história é a arte de apaziguar essas descontinuidades. Não para consolar, pelo contrário: para trazer à tona questões desagradáveis. Chamo de "maquiavelianas" as questões desagradáveis. Estas, por exemplo: como podemos tornar audível de novo aquilo que não foi ouvido em

---

* Referência ao atentado ocorrido em Nice, no sul da França, em 14 de julho de 2016, feriado nacional da França, em que um caminhão atropelou uma multidão durante a comemoração no momento da queima de fogos. (N.E.)

sua época? E sabemos quais são os efeitos a longo prazo das grandes paralisias que, anestesiando as almas à véspera das grandes dispersões estivais, não tiveram tempo de serem difundidas, discutidas, debatidas? Estamos lá, sempre, tendo deixado enterrar aquilo que não foi dito em um lugar tão obscuro que permanece fora de alcance, ameaçando a todos com suas reaparições imprevisíveis.

Do verão de 2016 ao verão de 2017, e não apenas na França, todos os prognósticos políticos foram sistematicamente frustrados, como se a alegria maldosa do povo contra aqueles que pretendem restringir suas escolhas, ao apresentá-las como inelutáveis de antemão, tivesse se transformado em uma vingança feroz. Para atermo-nos apenas às questões eleitorais, desde o voto a favor do *Brexit*, a saída do Reino Unido da União Europeia, no referendo de 23 de abril de 2016, e a eleição de Donald Trump como presidente dos Estados Unidos em 8 de novembro do mesmo ano, *a qualità dei tempi* se tornou, obviamente, tempestuosa. Suas consequências na campanha presidencial francesa foram tamanhas que, a partir de dezembro de 2016, depois de um improvável conjunto de circunstâncias que foi eliminando progressivamente todos os potenciais candidatos – no sentido de que os comentaristas os apresentavam ora como favoritos ora como inevitáveis –, a eleição se apresenta, no momento em que escrevo estas linhas, com uma configuração totalmente inédita, com um desfecho dos mais incertos e, para ser claro, dos mais alarmantes.

De que nos vale, então, um virtuoso do estratagema político como Maquiavel? Se ele não foi esse estrategista safado e sem escrúpulos que a posteridade maliciosa do maquiavelismo nos legou a imagem, pouca coisa, na verdade.

Nesses tempos tão sombrios é difícil distinguir quem gagueja de quem fala do futuro, e se existem vozes que não temos a menor vontade de ouvir, são as desses especialistas em previsibilidade que vão calmamente da indeterminação da política a umas poucas regras elementares do agir coletivo. São simples apenas para se adaptar à sua falta de imaginação.

Maquiavel é o pensador da disjunção, que disseca qualquer situação até chegar a um "ou isso ou aquilo", traçando, em cada etapa do devir histórico, cruzamentos de sentido. Mas, se ele é cativante, é justamente porque permite compreender como a energia social das configurações políticas sempre ultrapassa os sábios vereditos nos quais elas deveriam estar encerradas. Suas frases sempre escapam e, se ele anunciou que só existiam dois caminhos, foi para logo tomar um terceiro. Pois, no momento em que nos preocupamos em saber se uma situação política vai acabar neste ou naquele resultado, mais vale entender que essa situação é incitada por um movimento conjunto que a leva adiante. Talvez seja isso que espera a curto prazo os povos europeus: por temer a catástrofe, eles se esforçam para não compreender que ela já chegou.

O que não nos impede de agir. E é por isso que Maquiavel permanece, mais do que nunca, atual. Encontraram em Paris, em 1839, um filósofo italiano exilado, de nome Giuseppe Ferrari. Discípulo de Vico, procurava a companhia de Michelet, Baudelaire e Saint-Simon para conversar sobre o autor de *O príncipe*. Giuseppe Ferrari via o teatro político de sua época como um repertório no qual os papéis haviam sido previamente distribuídos pelo secretário florentino. Escreveu dez anos depois, em um livro intitulado *Maquiavel, juiz das revoluções de nossa época* que, "a partir de 1789, os princípios se apoderaram dos acontecimentos, e pode-se afirmar que Maquiavel dita as palavras, mesmo dos homens que aparecem na cena da Revolução".

Aqueles que preservam um sentido trágico da história sempre pensaram que Shakespeare escreveu peças nas quais nossas próprias aflições são encenadas. Mas, quando se põe em marcha a "engrenagem grotesca do poder" da qual falou Michel Foucault, parece, pelo contrário, que a degradação da palavra pública que sofremos hoje é experimentada nas cenas menos dignas e que não gostamos de nada além de menosprezar: na América de Trump, o espetáculo muito mal denominado de "telerrealidade". Lá é pacientemente construída essa indiferença à "verdade efetiva das coisas", para falar como Maquiavel. Mas, em todo caso, é no âmbito da ficção que se cria a política que está por vir.

Hoje não sabemos, contudo, em quais ficções de Maquiavel devemos procurar os recursos de inteligibilidade para abrir nosso futuro. Será sempre nessa filosofia da necessidade desenvolvida em *O príncipe* ou naquele tratado do desencanto republicano que constitui os *Discursos sobre a primeira década de Tito Lívio*? Seria preciso procurar ali a arte de chegar a um acordo a respeito de nossos desacordos, ou melhor, a maneira de reconhecer que os dominados têm ciência de sua dominação? E, neste caso, por que não ver além de seu teatro, de suas histórias, e mesmo sua poesia amorosa? Procurei, durante o verão de 2016, restituir o rosto de Maquiavel por trás da máscara do maquiavelismo. E, se esse rosto foi diferente e cambiante como um céu de tempestade, é porque não houve muito tempo de escolher entre seus diferentes talentos. Todos o levaram a essa arte de nomear com exatidão as coisas que virão, essa disposição para a implacável constatação que permanece, como tantas vezes foi dito, indissociavelmente poética e política.

Um ano depois, qual o sentido de passar o verão de 2017 com Maquiavel? Sem dúvida, o que Walter Benjamin conferiu à própria ambição da história: "assumir o papel de historiador não significa saber 'como as coisas realmente aconteceram'. Significa apoderar-se de uma memória, do modo como surgiu no momento do perigo". Essa lembrança é suficientemente incerta e frágil para organizar nosso pessimismo. Pois, se falamos tanto de inquietude, aqui e acolá, não é exatamente para paralisar a ação. Pelo contrário, é para animá-la com um princípio de dúvida, que é o primeiro passo do conhecimento. É nessa dobra que se estabelece a política, que só tem valor se se propõe a desafiar as contingências e as fatalidades pelo reconhecimento de um poder de ação indeterminado.

Pois os grandes pensamentos políticos são sempre promessas não cumpridas. Muito antes das proclamações veementes, são às palavras inaudíveis, frágeis e incompreendidas, que devemos mais uma vez dar ouvidos. E se, no momento da despedida, preciso ficar apenas com uma, escolho de bom grado a leitura que Maurice Merleau-Ponty fez de Maquiavel em 1949, para nela reconhecer a esperança de um "humanismo sério". Sua seriedade reside em se recusar, a um só tempo, a recorrer aos belos princípios e a entregar-se ao cinismo. Não saberíamos abrir mão de derrotar a incerteza dos tempos, pois "o acaso não toma forma enquanto nós nos recusamos a compreender e a querer". Se o pessimismo antropológico de Maquiavel não é firme, é porque ele não torna impossível, em última análise, a possibilidade de existir uma moral na política. Que não é, evidentemente, a moral comum. E, portanto, escreveu Merleau-Ponty: "Maquiavel não ignorou os valores. Encarou-os como vivos, ruidosos como um canteiro de obras, ligados a certas ações históricas".

Não escrevemos por outro motivo: inscrever, aqui, o rastro de uma experiência. Essa experiência está e continuará estando disponível, bem depois de ser praticamente esquecida. E pouco importam, portanto, os fracassos, pois sabemos, há muito tempo, da impossibilidade de sermos vencedores. Maquiavel terá muitos outros invernos e outros tantos verões, porque soube, como escreveu Maurice Merleau-Ponty, descartar "com o mesmo movimento, a esperança e a desesperança".

5 de abril de 2017

Ler Maquiavel

As edições de referência das obras completas de Maquiavel são italianas. Cito, entre as mais confiáveis, as de Mario Martelli (*Tutte le Opere*. Florença: Sansoni, 1971) e de Corrado Vivanti (*Opere*, 3 vol. Turim, Einaudi, 1997-2005), assim como a edição "nacional" publicada pela editora romana Salerno desde 2000, que compreende, especialmente, uma boa parte de seus escritos diplomáticos e da correspondência da chancelaria de Maquiavel antes do golpe de Estado dos Médici de 1512. A publicação desse volume considerável de textos (editado sob a direção de Jean-Jacques Marchand) revolucionou nosso conhecimento sobre o homem de ação que Maquiavel era (*Legazioni, Commissarie e Scritti di Governo: 1498-1512*. 7 vol. Roma: Salerno, 2001-2012).

Em relação à tradução francesa das principais obras de Maquiavel, prefiro a edição da Bibliothèque de la Pléiade (1952), apesar de antiga (mas que ainda conta com a introdução extraordinariamente sugestiva de Jean Giono), e a publicada sob a direção de Christian Bec (*Machiavel: Œuvres*. Paris: Robert Laffont/"Bouquins", 1996). É a ela que aqui me refiro com maior frequência, com algumas correções, com exceção dos *Discursos sobre a primeira década de Tito Lívio* (para eles, me apoio na excelente edição de Alessandro Fontana e Xavier Tabet, publicada pela Gallimard em 2003).

Existem diversas traduções recentes de *O príncipe* em francês, todas muito úteis. Propus uma edição comentada e ilustrada desse "vil opúsculo", tentando relacionar o texto com sua cultura visual, com ilustrações selecionadas e legendadas por Antonella Fenech-Kroke (*Maquiavel: Le Prince*. Paris: Nouveau Monde, 2012). Decidimos adotar a tradução viva e dialógica de Jacqueline Risset, que reproduz perfeitamente a velocidade maquiaveliana. Foi publicada à parte em 2001, na coleção "Babel" da editora Actes Sud, retomando o texto que essa grande tradutora de Dante havia proposto na ocasião de um espetáculo montado em abril de 2001, no Théâtre des Amandiers, na cidade de Nanterre.

A tradução que utilizei neste livro é a de Jean-Louis Fournel e Jean-Claude Zancarini, mais rigorosa, na admirável edição crítica que fizeram do texto para as Presses Universitaires de France, em 2000: *De principatibus/Le Prince* (nova edição revista e corrigida em 2014 para a coleção "Quadrige"). Ela é indissociável do comentário erudito desses dois especialistas em filologia política, no qual me embasei em diversos pontos deste livro.

Em 2013, no quinto centenário de *O príncipe*, houve, na Itália e na Europa, diferentes iniciativas científicas e editoriais, das quais a mais notável foi, sem dúvida, a edição, pela Fundação Treccani, de uma *Enciclopedia machiavelliana* em três volumes, dirigida por Genaro

Sasso e Giorgio Inglese. Se a biografia de referência ainda permanece a publicada por Roberto Ridolfi em 1954 (*Vita di Niccolò Machiavelli*. 2 vol. [Ed. bras.: *Biografia de Nicolau Maquiavel*. São Paulo: Musa Editora, 2003] Diversas edições revistas e aumentadas desde então), existem em francês vários ensaios biográficos bastante recomendáveis. A tradução de Ugo Doti, *La Révolution Machiavel* (Grenoble: Jérôme Millon, 2006. Ed. orig. 2003), é sempre preciosa para conhecer os detalhes dos acontecimentos de sua existência, evocados mais ligeiramente em *Machiavel: le penseur de la nécessité*, de Marina Marietti (Paris: Payot, 2009). O ensaio contundente de Quentin Skinner, *Machiavel* (Paris: Le Seuil, 1989. Reed. "Points Seuil", 2001. Ed. orig. 1981 [Ed. bras.: *Maquiavel*. Porto Alegre: L&PM, 2010]) é mais vivo e pode ser complementado pela releitura, também muito sugestiva, de *Machiavel*, de Sandro Landi (Paris: Ellipses, 2008).

Se quiser conhecer o contexto italiano ao mesmo tempo, é util a leitura de *Renaissances italiennes: 1380-1500*, de Élisabeth Crouzet-Pavan (Paris: Albin Michel, 2007. Reed. 2013), livro do qual tomo de empréstimo, especialmente nas páginas 16-17 desta obra, a descrição do torneio de Florença, em 1469. Para uma primeira aproximação com a história da Florença dos Médici, também é possível recorrer aos artigos reunidos no dossiê especial da revista *L'Histoire*, n. 274, de março de 2003, "La Florence des Médicis". A visão de conjunto do sistema dos Estados italianos no *Quattrocento* e da inventividade de seus modos de governo que aqui proponho é desenvolvida em "Les laboratoires politiques de l'Italie", que consta de Patrick Boucheron (org.), *Histoire du monde au XVe siècle* (Paris: Fayard, 2009, p. 53-72). Abri mão de sobrecarregar o texto com essas crônicas de referências aos trabalhos eruditos que serviram de inspiração, mas algumas alusões devem ser aqui explicitadas: a Renascença saiu direto da redescoberta de Lucrécio? Essa é uma ideia defendida por Stephen Greenblatt, em seu livro brilhante e provocador, traduzido para o francês com o título *Quattrocento* (Paris: Flammarion, 2013). Meu comentário ao capítulo 5 (*supra*, p. 23-24) une-se à leitura que Aurélien Robert fez dessa obra no site *La vie des idées* ("Lucrèce et la modernité"). No que diz respeito às profecias de Savonarola (capítulo 6), baseei-me, principalmente, nas hipóteses desenvolvidas em *La Politique de l'expérience: Savonarole, Guicciardini et le républicanisme florentin*, de Jean-Louis Fournel e Jean-Claude Zancarini (Turim: Edizioni dell'Orso, 2002). Nosso conhecimento das *Ricordanze* (capítulo 7) deve tudo ou quase tudo ao magnífico livro de Christiane Klapisch-Zuber, *La Maison et le Nom: stratégies et rituels dans l'Italie de la Renaissance* (Paris: Éditions de l'EHESS, 1990). A respeito do trabalho na chancelaria e da língua de Maquiavel (capítulo 9), estou em dívida com as análises reunidas em *Machiavello senza i Medici (1498-1512): scrittura del potere/potere della scrittura*, de Jean-Jacques Marchand (org.) (Roma: Salerno, 2006). Sobre a escrita de Maquiavel de modo geral, devo a *Machiavelli's Virtue*, de Harvey C. Mansfield (Chicago: UP, 1996). O relato dos acontecimentos de 1527 (capítulo 28, p. 105), é claramente devido ao grande livro de André Chastel, *Le Sac de Rome: 1527* (Paris: Gallimard, 1984).

De minha parte, já abordei alguns dos temas aqui evocados em publicações anteriores, as quais me permito mencionar (assim como suas respectivas bibliografias). Ver, especialmente, para o capítulo 10 e também sobre a questão da indeterminação da política e sobre o "desentendimento", como o entende Jacques Rancière (que percorre todo este livro), "Théories et pratiques du coup d'État dans l'Italie princière du Quattrocento", em *Coups d'État à la fin du Moyen Âge? Aux fondements du pouvoir politique en Europe occidentale*, de François Foronda, Jean-Philippe Genet e José Maria Nieto Soria (orgs.) (Madri: Collection de la Casa de Velázquez [91], 2005, p. 19-49).

A questão do ponto de vista, no sentido entendido por Georges Didi-Huberman – por exemplo, em *Quand les images prennent position 1: l'oeil de l'histoire* (Paris: Minuit, 2009) –, inspira o desenvolvimento a respeito da "arte política de tomar partido" (capítulo 20), que já faziam parte da obra *Léonard et Machiavel* (Lagrasse: Verdier, 2009). Ver, principalmente, a reflexão sobre a fortuna e o rio (capítulo 15, p. 57-58) que também coloca a questão das relações entre derrota política e lucidez ideológica, questão desenvolvida em *L'Entretemps* (Lagrasse: Verdier, 2012) – em especial na p. 110 e seguintes. Por fim, a carta de Maquiavel para seu amigo Francesco Vettori, de 1513 (capítulo 11), tão abundantemente comentada, deu origem a algumas passagens mais bem desenvolvidas em *Au banquet des savoirs: éloge dantesque de la transmission* (Bordeaux-Pau: Presses Universitaires de Bordeaux/Presses Universitaires de Pau et des Pays de l'Adour, 2015).

O comentário que aqui fiz de *O príncipe* nos capítulos 11 a 15, além das edições críticas já citadas, baseia-se, entre outras leituras, nos estudos reunidos por Yves-Charles Zarka e Thierry Ménissier em *Machiavel: le Prince ou le Nouvel Art politique* (Paris: PUF, 2001), assim como, de um modo mais geral, em *Machiavel et la tradition philosophique*, de Marie Gaille (Paris: PUF, 2007). Compreendemos que é impossível ler Maquiavel sem ler, ao mesmo tempo, todos aqueles que, com mais ou menos benevolência, nele se apoiaram para meditar, comentar criticar. Ver, especialmente, *Machiavelli nel XIX e nel XX secolo/Machiavel aux XIXe et XXe siècles*, de Paolo Carta e Xavier Tabat (orgs.) (Pádua: CEDAM, 2007). Tomei de empréstimo a esse livro a citação de Marc-Antoine Jullien (*supra*, p. 111), ao passo que o exemplo de Maurice Joly provém de "Représenter l'ennemi: sur la préhistoire française des Protocoles", de Carlo Ginzburg, em *Le Fil et les traces: vrai faux fictif* (Lagrasse: Verdier, 2006, p. 275-303); [Ed. bras.: *O fio e os traços*. São Paulo: Cia das Letras, 2007.]. Ver também *Machiavel: juge des révolutions de notre temps*, de Giuseppe Ferrari (ed. orig. 1849. Tradução francesa, Paris: Payot, 2003) e *Écrits philosophiques et politiques*, de Louis Althusser, editado por François Matheron (Paris: Stock/IMEC,

1995. Citação da p. 47 a respeito de Gramsci lendo Maquiavel). Damos o nome de "momento maquiaveliano", expressão tirada do famoso livro de John G. A. Pocock, *Le Moment machiavélien: la pensée politique florentine et la tradition républicaine atlantique* (ed. orig. 1975. Paris: PUF, 1997), à tomada de consciência da impossibilidade do ideal republicano. Levando em consideração as críticas a esse conceito, em especial as contidas em *L'Enjeu Machiavel*, de Gérald Sfez e Michel Sennelart (Paris: PUF, "Collège international de philosophie", 2004), nesta obra vejo de modo mais global a atualização brutal e desencantada do pensamento maquiaveliano, dado que surge a evidência da indeterminação da política. Nesse sentido, a leitura aqui proposta deve muito ao trabalho de Claude Lefort: *Le Travail de l'oeuvre: Machiavel* (Paris: Gallimard, 1972); Écrire: à *l'épreuve du politique* (Paris: Calmann-Lévy, 1994) e talvez ainda mais a algumas páginas, suntuosas, de Maurice Merleau-Ponty: "Note sur Machiavel" (1949), em *Signes* (Paris: Gallimard, 1960. Reed. 1985, p. 267-283); [Ed. Bras.: "Nota sobre Maquiavel". In: *Signos*. São Paulo: Martins Fontes, 1991, p. 237-252.]. Foram elas que motivaram o epílogo deste livro.

lepmeditores
www.lpm.com.br
o site que conta tudo

IMPRESSÃO:

PALLOTTI
GRÁFICA

Santa Maria - RS | Fone: (55) 3220.4500
www.graficapallotti.com.br